9堂课轻松玩转短视频

张恒 著

机械工业出版社
CHINA MACHINE PRESS

短视频随着抖音、快手、微视等平台的火爆，成了无数用户每日离不开的消遣娱乐方式。而各大电商，更是凭借短视频迅速引发"爆点"，其销售额急速增加。一次成功的短视频运营可以在最短时间内、在最大限度上吸引到用户的关注。

本书内容从短视频目前的发展形势着手，对短视频的盈利模式做了分析，继而又从短视频的内容策划、制作、发布、推广、运营策略等方面做了详细论述，让你迅速从短视频新手变为高手。

图书在版编目（CIP）数据

9堂课轻松玩转短视频/张恒著.—北京：机械工业出版社，2019.9
ISBN 978-7-111-63712-7

Ⅰ.①9… Ⅱ.①张… Ⅲ.①网络营销 Ⅳ.①F713.365.2

中国版本图书馆CIP数据核字（2019）第201014号

机械工业出版社（北京市百万庄大街22号　邮政编码 100037）
策划编辑：刘怡丹　责任编辑：刘怡丹
责任校对：李　伟　责任印制：孙　炜
保定市中画美凯印刷有限公司印刷
2019年10月第1版第1次印刷
170mm×242mm・14印张・1插页・188千字
标准书号：ISBN 978-7-111-63712-7
定价：59.00元

电话服务　　　　　　　　网络服务
客服电话：010-88361066　机 工 官 网：www.cmpbook.com
　　　　　010-88379833　机 工 官 博：weibo.com/cmp1952
　　　　　010-68326294　金 书 网：www.golden-book.com
封底无防伪标均为盗版　　机工教育服务网：www.cmpedu.com

5G时代,得短视频者得天下。抖音、快手、微视等短视频平台,成了无数用户每日离不开的娱乐消遣驻扎地。在短视频的红利期,网络巨头如百度、腾讯、阿里巴巴等纷纷出手抢占短视频市场,各大电商平台也凭借短视频迅速引发"爆点",销售额急速飙升。

短视频的崛起,同样也给普通人带来了发展机遇。如papi酱、辣目洋子、黑脸V、摩登兄弟等,无数红人因为短视频平台而诞生,并且迅速走红于网络,获得不容小觑的红利。

成功运营一款爆款短视频,可以帮助创作者在最短时间内,最大程度地博取用户的关注。如果创作者能够保持优质内容的输出,就可以将用户转化为忠实粉丝,进而实现流量变现。

今日头条CEO张一鸣先生判断:"短视频正在进入全民变现时代,这意味着短'视频+'时代的来临。"抓住短视频的红利期,你就能获得巨大收益。那么,创作者怎么才能够在短视频的海洋中脱颖而出,在红利期获取收益呢?本书分别从短视频的传播逻辑、用户关注心理动机、爆款内容内核、引流推广等九个方面进行分析,运用实例讲述如何实现从短视频小白到短视频达人的转变。

传播逻辑。什么是短视频?为什么会产生短视频?短视频的用户是谁?短视频为什么会这么火?本书第2课详细讲述了短视频的底层传播逻辑,创作者只有对短视频进行透彻分析,才能形成一个清晰的框架,在创作短视频时,不会往错误的方向走。

心理动机。用户为什么会去观看短视频?可能是出于好奇,也可能是为了某方面利益,还可能是由于某些冲突。总而言之,都是出于用户的某种心理动机。本书第3课详细列举了用户关注短视频的动机有哪些,创作者据此来创作短视频，就很容易吸引大量用户的关注。

内核。爆款短视频是什么样的？怎样去打造爆款短视频？这就是本书第4课所要回答的问题，短视频的内容是非常重要的。只有内容定位准确、不断创新，才能始终走在前端。在设计内容时，刻意添加个人信息，增强辨识度，是让用户记住你的不二法门。

引流。引流是短视频运营的第二步。短视频创作成功之后，还需要通过引流让更多用户看到，才能最终获得收益。如何才能获取更多流量？怎样才能引流成功？这是本书第5课着重讲述的内容，分别从内容、平台、渠道、广告等多方面入手，详尽地为短视频小白解读不同的引流方式，为其提供更多引流的思路。

运营。只有把握住用户的痛点，才能创作出百万点赞的爆款短视频。如何寻找用户的痛点？短视频的运营套路有哪些？本书第6课将回答这些问题。创作短视频的最终目的是将流量变现，那么，只有创作出用户喜欢的短视频才能达成目的。第6课举出了各种百万点赞的爆款短视频案例，让读者可以摸清短视频的创作和运营套路。

误区。短视频运营的过程中会进入哪些误区？这是第7课讲述的内容。运营的套路有很多，但是短视频小白在不了解的情况下，难免会走一些弯路。本课的目的就是讲述常见的短视频运营误区有哪些，创作者详细了解之后，可以避免浪费不必要的时间和精力。

数据分析指标。短视频的最佳发布时间是什么时候？怎么判断用户对短视频的接受度？加粉率有什么作用？想要实现短视频流量变现，创作者首先就要弄明白如何判断短视频运营数据分析指标，对运营的过程和结果有一个整体的把握。通过阅读第8课的内容，创作者可以得到详细的答案。当创作者弄懂短视频的数据分析指标后，成功运营爆款短视频将不再是难题。

分种类运营。不同创作方向的短视频有不同的运营策略，比如访谈类短视频需要策划话题，实用技能类短视频最重要的是提供"干货"，美妆类短视频紧跟潮流是王道……本书第9课详细列举了不同种类短视频的运营策略，为创作者提供不同的灵感。

　　本书详细总结了从短视频创作到运营的各种套路，内容分类清晰，语言浅显易懂，图文并茂，各种实操技巧讲解详细，各种引流和变现方法提供实例说明，非常适合刚入局的短视频小白、短视频行业领域的从业人员、想通过短视频快速实现引流的新媒体人和专注短视频风口的创业者阅读。如果你想要通过运营短视频实现流量变现，希望本书能够给你带来帮助。

前言

第1课　5G时代，得短视频者得天下！

1. 5G来临，短视频迎来爆发期 …………………………………………02
2. 短视频火爆背后的原因 …………………………………………………05
3. 短视频的火爆，给我们带来了哪些改变 ……………………………08
4. 短视频三大趋势：跨界、地域下沉和国际化 ………………………12
5. 短视频的黄金期过了吗 …………………………………………………15
6. 短视频告别野蛮生长，优质内容成唯一绝招 ………………………18
7. 新动向：短视频未来风口又在何处 …………………………………22
8. "短视频+"时代到来，你准备好了吗 ………………………………27

第2课　短视频的4个底层传播逻辑

1. 产品逻辑：比图文和音频承载量更为丰富的内容形式 ……………34
2. 市场逻辑：快餐式的消费需求 …………………………………………37
3. 用户逻辑：短视频平台的用户画像 …………………………………39
4. 裂变逻辑：从中心化到去中心化的过程 ……………………………43

第3课　用户关注短视频的9个动机

1. 共鸣：相同的观念、遭遇和经历 ……………………………………48
2. 好奇：对未知的惊喜和热情 …………………………………………51
3. 欲望：食欲、爱欲、追求美好的过程 ………………………………55
4. 利益：关心与自己利益息息相关的事情 ……………………………59
5. 思考：感悟人生哲理 …………………………………………………62
6. 幻想：用别人的美好事物满足自己的憧憬 …………………………65

7. 刺激：听觉刺激和视觉刺激 ……………………………………… 67

8. 价值：有用的信息、有价值的知识、有帮助的常识 …………… 74

9. 冲突：强烈反差造成的戏剧性和趣味性 ……………………… 79

第 4 课　爆款内容的 3 大内核

1. 定位：定位清晰、精准，做到有的放矢 ……………………… 84

2. 创新：从不同维度上进行尝试 ………………………………… 86

3. 设计：掌握五大要素，强势植入个人标签 …………………… 89

第 5 课　短视频引流推广的 6 个思路

1. 内容引流：垂直细分，打造核心竞争力 ……………………… 96

2. 平台引流：利用好平台的短视频矩阵 ………………………… 99

3. 渠道引流：多方推广轻松获取大批粉丝 ……………………… 102

4. 线下引流：传播稳定，收获大批精准用户 …………………… 105

5. 福利引流：优惠活动推送，提高用户转化率 ………………… 107

6. 广告引流：各大自媒体的平台穿插广告 ……………………… 110

第 6 课　百万点赞短视频的 9 个运营套路

1. "最无用的发明"为什么点击量过亿 …………………………… 116

2. 点赞百万的爆款短视频，标题和封面都长什么样 …………… 119

3. 高知网红成为新宠儿 …………………………………………… 131

4. 你和别人不一样的，就是卖点 ………………………………… 135

5. 写实的而非"美颜"，更容易得到推荐 ………………………… 139

6. 弘扬正能量、有德有爱，更容易受老铁追捧 ………………… 141

7. 足够简单，足够引发模仿效应 ………………………………… 144

8. 原创情感的内容更易产生共鸣 ………………………………… 145

9. 再好的创意，也不如稳定更新和持续输出 …………………… 148

第 7 课　避开短视频运营的 5 个误区

1. 不与用户做互动 ………………………………………………… 154

2. 运营渠道单一 ·· 156
3. 不持续关注渠道动态 ······································ 158
4. 硬追热门 ·· 161
5. 从来不做数据分析 ·· 163

第 8 课　短视频运营的 5 个数据分析指标

1. 固有数据：发布时间、视频时长、发布渠道 ············ 168
2. 播放量相关指标：对比同期短视频和相近题材短视频的播放量 ···· 170
3. 播放完成性相关指标：播完量、播完率、平均播放进度 ·············· 173
4. 互动数据：评论量、点赞量、转发量、收藏量 ········· 176
5. 关联指标：播荐率、评论率、点赞率、转发率、收藏率、加粉率 ·· 178

第 9 课　不同门类短视频的 10 个运营策略

1. "吐槽"段子类：言辞犀利却不失趣味 ················· 184
2. 访谈类：话题策划热门有料 ····························· 188
3. 电影解说类：创新推介和解说形式，令人耳目一新 ···· 190
4. 文艺清新类：发现生活场景的美 ························ 193
5. 实用技能类：提供"干货"才是王道 ··················· 195
6. 文化教育类：重在内容选题策划 ························ 198
7. 时尚美妆类：紧跟潮流，提供时尚新观点 ·············· 201
8. 运镜类：超酷炫引模仿 ·································· 203
9. 育儿类：可爱精怪又搞笑，给粉丝点赞的冲动 ········· 206
10. 带货类：软植视频，避免违和感 ······················ 209

第 1 课
5G 时代，得短视频者得天下！

1. 5G 来临，短视频迎来爆发期
2. 短视频火爆背后的原因
3. 短视频的火爆，给我们带来了哪些改变
4. 短视频三大趋势：跨界、地域下沉和国际化
5. 短视频的黄金期过了吗
6. 短视频告别野蛮生长，优质内容成唯一绝招
7. 新动向：短视频未来风口又在何处
8. "短视频+"时代到来，你准备好了吗

1. 5G 来临，短视频迎来爆发期

从 2018 年开始，短视频行业迎来井喷式发展，迅速成为互联网风口，大量的企业商家和创作者在短视频风口获取巨大收益。截至 2019 年 6 月 30 日，全网有 74.1% 的网民都在使用短视频应用。

随着 5G 时代的来临，短视频将获得越来越多的传播渠道，内容和用户逐渐从 PC 端向移动端设备转移，短视频的内容生产和渠道面临着重大的变革和升级机遇。

5G 到来的标志

5G 中的"G"是 generation 的缩写，翻译成中文是"代"的意思，5G 就是第五代移动通信技术的简称，是第四代通信技术的升级和延伸。中国科学院邬贺铨院士在互联网大会上曾经说过："1G 到 4G 是面向个人通信的，5G 是面向移动互联网和工业互联网的。"与 4G 相比，5G 技术拥有速度更快、更安全、低延迟和泛在网四大特点，能够给用户带来更好的体验。如图 1-1 所示。

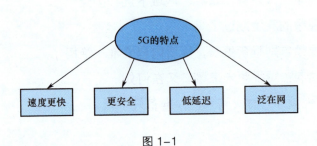

图 1-1

泛在网，即在社会生活的每一个角落都有网络的存在，这是非常重要的。用 4G 网络的时候，在某些地方你可能收不到信号。在今天的社会，没有网络，很多功能都无法实现。比如，设想一下，智能汽车在外面行驶了一天，晚上回去可以自动去地下车库的车位充电。如果地下车库没有网络，它怎样才能够实现这些功能呢？当 5G 网络覆盖后，整座城市将

成为一个大的整体,很多预想中的功能将得以实现。

5G 时代下的短视频

在 5G 时代,人们的生活将会变得更加快捷便利,短视频同样也会拥有更加广阔的发展空间。下面,我们来具体看一下在 5G 时代短视频的优势。

流量无限制。外出的时候,人们很少会无限制地刷短视频。因为加载短视频的时候,需要大量的流量。在 4G 时代,流量并不便宜。人们在有 WiFi 的状态下,才会无限制地去观看短视频。然而,这样就会让短视频 App 流失大量的用户。

在 5G 时代,网速大幅度提升,流量费用也会降低很多。用户在相同的时间内可以观看更多精彩的短视频,仅这一点就能吸引更多的用户。同时,当 5G 网络覆盖人们的生活后,上网就不必再依赖于 WiFi。这就意味着,用户可以随时随地利用碎片化的时间观看短视频,我们不必去在意用户损失的问题。

除此之外,在 5G 高速率网络传输技术的支持下,VR、AR、MR 视频产业也将迎来井喷式发展,如图 1-2 所示。身临其境的视频体验,将为短视频带来更多的流量,短视频的市场潜力将得到进一步提升。

图 1-2

视频更清晰。 网络的升级，对于短视频的影响是巨大的。相对于4G而言，5G可以进一步解决了信息传输的问题，全面升级内容的采集、制作和播放，让短视频更加清晰，带给用户身临其境的参与感，全面满足用户的需求。

比如，观看短视频时，我们经常会看到有一些美妆博主发布的化妆教程。她们会一边操作，一边讲解，力求让观看短视频的用户更加清楚操作步骤。在5G时代，不会再以这种形式展现。5G视频的画面清晰度将达到一个前所未有的新高度，而且更加生动。即使是轻微的勾勒眼线操作，也会清晰地展现给用户。

5G拥有实时、高清、互动性更强的特点，因此，一些美妆、美食、服装、快消、教育等需要更高清画面支持的短视频具有非常大的发展前景。它能够帮助企业商家更加快速、逼真地构建品牌形象，吸引更多消费者关注产品，并且进一步产生购买行为。

竖屏看视频成为常态。 传统的视频软件更倾向于横屏观看视频，这并不符合用户的观看习惯。当5G手机被广泛应用之后，竖屏呈现将成为常态，将会吸引一大部分PC用户迁移到手机上来，用户将会养成观看短视频的习惯。

来自Snapchat的广告数据显示，用户在观看广告时，竖屏的视频广告播放完成率是横屏的视频广告的9倍，视觉注意力是其2倍，点击率是其1.44倍，互动效果提升了41%。由此可见，在观看短视频时，用户将更加倾向于观看竖屏视频。

在5G时代，竖屏视频无疑是一片新的、非常广阔的广告流量池。相对于横屏广告，竖屏广告能够让用户视角更集中、内容更聚焦，让品牌更快建立触达用户的情感连接。短视频在发布初期就已变为竖屏模式，如图1-3所示。当真正的5G时代到来之后，在原有的基础上，各大短视频App将迎来爆发式的流量增长。

图 1-3

随着网络的发展,短视频已经从一种影像传播的形态,逐步转变为一种生活方式。截至 2019 年年初,短视频的用户规模已超过 6 亿,而且数量还在稳步增长中。

2019 年网络视听报告显示,在短视频领域,抖音、快手的用户渗透率为 54.29%;西瓜小视频和火山小视频的用户渗透率为 21.9%;土豆视频、微视、美拍等短视频用户渗透率为 18%。越来越多的商业巨头参与到短视频平台的研发之中,极大丰富了人们的生活。当 5G 时代来临之后,短视频的玩法将再度更新,用户规模彻底爆发,将进入全民短视频时代。

2. 短视频火爆背后的原因

2019 年 3 月 2 日,世界移动大会在西班牙巴塞罗那举行,发布了《2019 年全球移动经济报告》。报告中统计了短视频在 5G 时代将给人们带来的经济收益。报告预计到 2025 年，全球短视频用户将达到 14 亿。为全球经济增加 2.2 万亿美元的经济值。

短视频的发展是非常快速的，从诞生到迅速成为全民娱乐的方式之一，在经历了用户大爆发之后，用户的数量依然在稳步增长。背后的原因有如下几点，如图 1-4 所示。

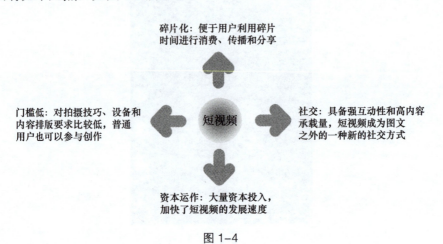

图 1-4

碎片化时代的产物

新媒体时代带给人们最重要的一个生存变化就是完整的时间被打碎。比如，以往的阅读时间、写作时间、工作时间常被突如其来的微信、邮件打断。而智能手机的诞生，也让人们养成了总忍不住刷一下微博、朋友圈的生活习惯。短视频的出现，无疑加剧了时间的碎片化，让人们的娱乐重心逐渐从图文形式向视频形式迁移。

调查发现，人们每天平均投入到单个应用的时间和精力不会超过 15 分钟。一旦超过了这个时间，我们心中便会产生不耐烦的情绪。而且，生活中人们本来就拥有很多零碎的时间，比如，坐地铁或公交、约会、吃饭、小憩等，这些碎片化时间随着生活节奏的加快，必然成为人们生活的常态。

门槛低

每个短视频平台都会提供各种拍摄短视频的技巧，创作者只需要通过简单的学习便可以制作发布属于自己的短视频,并且还可以一键分享到各大社交平台,为自己的作品积累基础人气。同时,各大短视频平台平等的推荐机制让创作者的作品获得了更多在用户面前展示的机会,有的甚至可能成为爆款短视频,从而收获大量流量。出于流量变现的目的,大量的创作者涌入短视频平台,从而使得平台的内容越来越丰富多彩。

社交属性

用户可以利用短视频这种新型信息载体来获取内容,积极参与到互动中,并且还可以进行社交分享。将短视频与社交结合在一起,利用短视频的大流量特点获取更多的关注。短视频的出现,改变了人们以往通过图文获取资讯和进行社交的方式,为用户打开了一扇新的社交大门。

资本推进短视频发展

短视频拥有非常好的发展前景,自然会吸引大量的资本投入其中,在无形中推动了短视频行业的发展。有数据显示,我国短视频从诞生之初到大爆发的2017年,除了2013年有所下降之外,融资事件数量都在逐步上升,2017年甚至达到了48件,如图1-5所示。

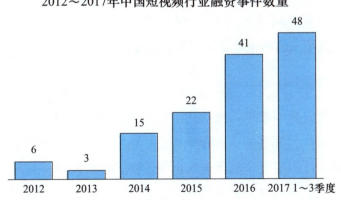

图 1-5

各大互联网巨头意识到短视频这个新兴行业的巨大发展空间之后，为了获取起初的红利迅速开始布局，投资短视频平台的开发以及短视频内容生产方。比如，今日头条开发的抖音App和火山小视频App、腾讯开发的微视App、美图秀秀旗下的美拍App等。资本的大量流入鼓励创作者生产出更多高质量的短视频，同时还为短视频的运营提供了充足的资金支持，最终形成一个完整的短视频生态圈。

在不同的时期，有着不同的信息表达方式。在当下的碎片化时代，短视频就是新的信息载体。它可以在人们与社会沟通和交往中发挥重要的作用，迎来更加多元化的发展。

3. 短视频的火爆，给我们带来了哪些改变

乘着短视频的东风，一批旅游城市突然成为社交平台的"新宠儿"，去重庆体验轻轨穿楼，到西安品尝摔碗酒，去济南听一听连音社……在短视频平台上，出现了越来越多与老城相关的内容，它们向用户展示出一种古朴而时尚的新面貌，大大提升了古城的魅力值，吸引了更多的游客前去参观。

短视频的迅速爆发，给人们的生活带来了巨大的改变，这涉及生活的方方面面，不仅为内容创作者带来了新的发展机遇，还改变了内容观看用户的娱乐方式。同时实现了商业模式的重塑。下面，我们具体来看一下短视频究竟给人们的生活带来了哪些改变。

改变了固有的认知

在人们的固有印象中，能够出名的最常见途径就是成为明星，去拍电视剧、电影，让更多的人知道。但是，这并不容易。这不仅需要你拥有非常高的演技和颜值，而且运气也很重要。很多人即使进入了娱乐圈，多番努力后依然没有任何收获。但是，在短视频普及之后，只要会拍摄视频，任何人都有可能成为"明星"。甚至在短视频平台上，有一些达人

能够获得比明星更多的关注和流量。

短视频无疑为普通人提供了一个迅速成名的广阔平台，在这个领域里，只要你足够另类、与众不同，即使你的颜值并不高，只要拍摄的视频能够颠覆用户的传统认知，就足以吸引用户的注意力，然后快速走红于网络，实现流量变现。

每个人都有一个成名梦，在短视频领域中，这种可能被极度放大。人们已经习惯了利用短短的若干秒钟时间演绎各种精彩的故事，实现了导演梦、明星梦。

改变了娱乐方式

有一次，公司的同事聚在一起闲聊，谈起短视频，有一个同事说道："我现在每天都要刷一刷抖音，看一看别人的生活是什么样的，从中能够感受到很多不同的乐趣。"

"可不是嘛，不仅是达人，有一次放假回家，看到我那个十岁的侄女每天都抱着手机看个不停。我一看，原来是在刷抖音短视频。"另一个同事接着说道。

在休闲的时间刷短视频已经成为人们生活中必不可少的娱乐方式之一，成年人喜欢通过刷短视频来减轻压力放松自己，未成年人喜欢刷短视频来让自己的生活变得更加有趣。企鹅智酷发布的数据显示，用户使用短视频社交软件的频率平均为每月13.5天，大多数用户每天使用短视频应用超过1个小时。

在短视频中，用户可以用更多的时间学习更多的知识，因为内容创作者为了在更短的时间内吸引用户的注意力，会提炼出视频的精髓，在短视频中放入更多有价值的东西。而这恰好是用户所需要的，比如，用户在观看短视频时可以学习了解不知道的科学冷知识、生活小技巧、职场潜规则、各种化妆穿搭教程等，短视频平台上的内容丰富到足以满足人们各种不同的需求。事实上，人们的娱乐习惯也在逐渐被短视频改变着，从观看单一、长时间的某一视频走向多元化。

社会效益不断增加

一袭红衣，乌黑的长发，坐在国外热闹的街道上，尽情地弹奏着美妙的古筝，弹奏者和路人都沉浸在古筝的意境之中，如图 1-6 所示。视频的内容是一个中国女孩穿着古装在国外的街道上弹奏中国古典乐器——古筝，这个短视频被放到了国外的社交网站上，获得了大量的好评，很多外国网友称"太美了""这么美，我都想去中国看看了"……后来，这位创作者在某个短视频平台发布的所有作品都获得了大量网友的点赞，有的作品仅点赞数量达到 100 多万，网友纷纷表示这种充满了古典意味又有正能量的视频应该被支持并广泛传播。

图 1-6

创作者不仅收获了大量的流量，还让更多人感受到了中国古典优秀文化的美，引发对古典文化的重视和学习。

如今的短视频不仅是一个让人出名的平台，而且渐渐深入到了非娱乐领域，催生了更多的充满积极意义的社会效益。有很多行政单位也注册了短视频账号。比如，北京市公安局反恐怖和特警总队在抖音平台注册了一个名为"北京SWAT"的账号，然后发布了一个以反恐特警日常训练为主题的视频，迅速在平台上走红，获得了800多万的点赞。后来，在抖音平台上陆续出现了"平安北京""江苏网警""北京消防""河北公安""成都交警""环球网""浙江省博物馆"等100多个政务账号。它们不仅是有趣的段子手，发布一些内容精彩的短视频，而且还会发布各种正能量短视频，让用户意识到社会的美好，顺便普及各种法律常识。让人惊喜的是，这种方式取得了非常好的宣传效果，并且每当这些账号分享一些人们应该履行的守则时，通常会获得受众的大力支持。

不可否认，短视频的出现不仅让人们的生活变得更加丰富多彩，而且为各种正能量宣传找到了一个非常好的传播途径。

重塑商业模式

在短视频风口，市场竞争非常激烈，网络三大巨头百度、腾讯、阿里巴巴纷纷入局，腾讯重启微视，并且投资了快手；阿里巴巴布局了土豆，预备转型短视频社区；百度打造好看视频，准备抢占短视频的红利期……

今日头条的游戏广告运营负责人何欣先生说："市场上的短视频已经形成规模，日均视频播放量达到100亿次，短视频日均上传量超过2 000万个，市场的潜力是巨大的。"

短视频巨大的用户基础和流量池吸引了更多的企业商家纷纷入驻，在平台上进行产品宣传，利用用户的分享功能，让很多产品成为爆款。

短视频商业模式建立在社交的基础上，不断地进行裂变，形成一条新的完整的商业链。在这条商业链中，所有人都有参与的机会，只要你能够抓住机会，就能在市场中获取收益。

目前，虽然短视频获得了飞速的发展，但依然存在着很多问题。创作者需要遵循短视频的制作原则，才能吸引用户的关注。

第一原则：第一帧要抢眼。短视频平台上的内容可以用海量来形容，

所以想要吸引用户点击观看你的短视频，视频的第一帧非常重要，要足够抓人眼球，让对方忍不住点击观看并且参与互动。

第二原则：具备专业性。虽然制作短视频比较简单，但是相比那些看起来有些随意的短视频，一些专业性较强的短视频更受用户欢迎，也更容易让人产生信服感。在拍摄短视频时，尤其要注意画面的稳定性和清晰度，给用户留下一个良好的视觉印象。

第三原则：学会运用剪辑软件。创作者在制作短视频时，可以利用短视频平台提供的各种技巧让短视频变得更加有观看性。为了让短视频变得更加精致，在后期处理时，创作者还可以借助其他视频软件，比如，爱剪辑、会声会影、iMovie、Premiere、EDIUS、Sony Vegas、Final Cut Pro 等，让短视频变得更加完美。

想让自己的作品出彩，抓住市场红利期，创作者就要遵循短视频的创作原则，同时对市场保持敏锐度，保证作品紧跟潮流并且能够满足用户的需求。

4. 短视频三大趋势：跨界、地域下沉和国际化

根据目前的市场行情，短视频平台被公认为具有三大趋势：跨界、地域下沉和国际化，所以短视频运营者一定要根据趋势生产内容。

跨界

随着短视频用户量的不断增大，短视频内容也越来越多元化了。跨界的意思就是短视频能和什么组合在一起。比如，现在的短视频平台和社交、电商等都能组合，运营者则需要考虑的是短视频这种形式能和什么内容结合起来，比如目前已经有了"短视频+电商""短视频+装修""短视频+旅游"等多种形式，这说明"短视频+"时代已然来临。短视频的内容远不止于此，其实，生活中的方方面面都能和短视频进行融合。

举个例子,很多平台刚开始时不会去帮助运营者流量变现,他们只是想做自己的品牌,但是后来他们认识到短视频变现的能力很强,而且内容创作者和用户都有一种情怀,将这几种调性融合到一起,便赋予了短视频巨大的能量,这就是很多行业都在向短视频靠拢的原因。比如药企、建筑行业等。再比如淘宝和京东这些网购平台,有的原来是有短视频板块的,但不是位于明显位置,"短视频+"时代来临后,这些平台便开始接触短视频领域,把短视频板块安排在明显位置,因为它们意识到用户在购买商品时,除了传统的商品信息,更希望看到实物,所以"短视频+电商"这种模式成了必然趋势。

"短视频+什么"是运营者接下来要思考的问题,如果内容过于小众,就会浪费成本,所以分析观看短视频的主要人群成为必须。如图1-7所示,中产一族占用户总数的14.86%,其中主要包括大城市的男性,他们的消费能力较高;小城市主妇占22.47%,她们身处三四线城市,消费能力比较低,多数会购买母婴产品;时尚玩家占21.85%,他们中的男女比例均衡,女士喜欢时尚,喜欢化妆,男士爱玩游戏;学生与草根占31.7%,他们的消费能力不高,崇尚高颜值;高知女性占9.12%,她们的消费能力极高,追求高品质生活,爱旅游,懂时尚。

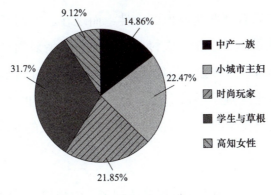

图 1-7

了解了这些人群的占比,短视频运营者就可以有的放矢了,比如针对玩家喜欢玩游戏的特点,短视频就可以和游戏结合,为玩家提供良好的游戏体验,从而让他们为游戏付费;针对喜欢浪漫的成年人,短视频就可以和浪漫商品结合,打造浪漫气氛的短视频,让用户有购买的冲动。

地域下沉

短视频刚起步时,一般都会在大城市中流行,发展到一定阶段后,就会向小城市、村镇渗透,而目前短视频已经基本挤占了大城市中的所有用户,所以三四线城市正是短视频下一步拼抢的对象。短视频运营者要想迎合地域下沉的趋势,就要在内容上有所改变,在内容垂直的前提下,贴近三四线城市的生活。

短视频平台上有一些村镇中的农民成了网红,他们向大家展示自己的生活,获得的关注非常可观,而且有些网红还能赚成千上万块钱。在生计的驱使下,不少三四线城市的人们涌进了短视频行业。在网购刚出现时,新事物之所以很难渗透到三四线城市,是因为那里经济落后,人们的观念也很保守,他们虽然看到有人做网购发家致富了,但认为那不是正经营生。而随着手机的普遍应用,人们的想法也开始转变了,他们开始信任互联网了,所以比以前更容易接受短视频,这给短视频的下沉带来了机遇。

之前,网红只有那些高颜值的女性,而现在,人们开始出现审美疲劳,大量农村人员进城务工,农村地区的风土人情对用户有了极强的吸引力,他们看到这些短视频,仿佛看到了家,情感上有了认同;而生活在城市里的年轻人也厌烦了城市生活,看到农村生活,也会感到很有意思,这就是之前狗给鸡拉架的一条短视频会在微信上爆火的原因。

国际化

有些短视频平台在国内的发展已达到了一定规模,这时候他们就会选择"走出去",努力探索国际化布局。比如,抖音在海外推出的应用叫作

"Tik Tok",该应用在日本、柬埔寨、泰国、越南、马来西亚等国家的下载量非常可观。

这些短视频平台选择在海外运营的原因除了业务需要外,更多的是外国用户市场有巨大的开发潜力,特别是亚洲周边国家,他们的文化与中国文化有相通之处,而且青年人口居多,对新事物有很强的接受能力,特别是没有出过国的人,他们对别的国家充满了好奇,异域风情对他们很有吸引力。

以前,很多东南亚国家由于条件落后,网络还不是很发达,居民使用互联网只是求便捷、易用、省流量,而随着互联网技术的提高,各国人民的生活水平随之提高,他们也开始通过互联网消费,这给带货的短视频带来了机遇。

在以上三大趋势下,短视频该怎样定位?如何运营?相信脑洞大开的运营者们已开始摩拳擦掌,跃跃欲试了。

5. 短视频的黄金期过了吗

"短视频的黄金期很快就会过去。"在短视频发展如日中天、无数企业商家蜂拥而至时,有网友提出了这样一个观点。这一说法让很多打算凭借短视频创业的人感觉不安,并且对是否入局短视频产生质疑。

确实,短视频的风暴已经吹了两三年,在经历了短暂沉寂之后迎来了大爆发。刚开始,人们以为它只是带来了梅雨时节,绵延一阵就会过去,没想到这一吹吹出了滚滚的江水。随着入局的人越来越多,海量的视频内容也给人们带来了不小的压力。在如此庞大的短视频数量基础上,新加入的创作者还能够获取红利吗?短视频的黄金期是否已经过去了?

对于这一问题,各方数据都显示,短视频的风潮才刚刚兴起,远没有到源头枯竭的时候,如果问什么时候会落潮,那么大概在五到十年之后了,在这几年当中,都是短视频的黄金期。为什么这么说呢?

从时代发展的趋势看

可以说每一样兴起的事物都是时代发展趋势下的必然产物，比如2008年兴起的淘宝，2010年兴起的微博，2013年兴起的微信，2016年的自媒体以及2018年大爆发的短视频。

观察现在的应用市场，我们可以发现短视频软件如雨后春笋般冒出来。为什么会有这么多的短视频平台？就是因为短视频已经成为时代发展的趋势，也是一种时尚潮流的代表。

从1G到2G……再到即将来临的5G，互联网的发展经历了一个质的飞跃。如果说在4G移动网络下，图文是主流形式，那么当5G移动网络普及之后，人们将会进入一个全民视频的时代。在5G网络的支持下，创作者可以研发更多拍摄玩法，短视频也将迎来更多的发展可能。

从人们的行为习惯看

现在，越来越多的人成为"低头族"，乘公交地铁的时候，很多人都会拿着手机看。人们的碎片化时间越来越多，这样的大环境为短视频提供了很好的发展土壤。以往，人们都是看图文类的内容，但是图文形式的内容都是二维浏览，需要用户一点点地上滑屏幕。如果遇到不喜欢的内容，用户就需要花费更多的时间去略过，非常麻烦。而且图文形式的内容，一般篇幅比较长，需要人们仔细阅读，费时费力。

所以，时长只有短短几分钟，甚至只有十几秒的短视频应运而生。短视频只需要点一下就打开了，而且时长短、内容丰富，用户在等人或者去洗手间的时间就可以观看几个短视频或者从短视频中学到一个有价值的知识，何乐而不为？

从短视频制作成本看

在以往人们的眼中，制作一个视频的成本非常高，需要摄像机或者录像机，拍摄人员还需要具备一定的专业知识。视频拍摄完成之后，想要得到完美的视频，必须进行后期的剪辑，包括滤镜、特效的处理，非常麻烦，而且时间和费用的成本也很高。

随着科技的发展，智能手机的拍摄像素已经与专业单反相机的像素相差无几。用户用手机拍摄出来的视频清晰度也很高，随拍随发，简单方便。各种短视频平台研发出软件，用户在拍摄短视频的时候，从软件上即可使用美颜、滤镜、特效、背景音乐等效果，拍摄出来的视频看着非常专业。甚至随手拍摄出来的视频可能会成为爆款，走红于网络。

从企业商家的角度看

从企业商家的角度分析，短视频的出现，给它们提供了一种新的营销方式，可以通过制作短视频来进行产品宣传。在制作短视频时，企业商家还可以根据不同的产品设定不同但是同样有趣的情节，加深观看者的记忆，使其对产品形成一个更加立体的印象。如图1-8和图1-9所示。这两张图分别是宝马中国和卫龙辣条的官方账号，一个是高端汽车，一个是亲民小零食，很多用户成为其忠实粉丝，并且通过短视频平台进行了产品购买。

图 1-8

图 1-9

从个体创作者角度看

短视频平台为普通人提供了一个非常好的展示自我的舞台。短视频创作者的带货能力是不可小觑的，现在很多短视频平台都开发了商城功能，创作者可以将自己的产品上传到个人商城中。当用户观看视频时被刺激起购买欲望，就可以点击商城链接直接购买。即使创作者没有自己的商城，如果用户想要购买产品，也可以私聊创作者，进行购买。

短视频的市场发展潜力是巨大的，还有更多的价值等待企业商家和个体创作者去挖掘。所以，看好短视频市场并准备入局的创作者根本不必犹豫，确定好制作短视频的方向之后，越早制作越能收获更多流量。

很多人认为短视频已经进入了冷淡期，寒冬即将到来。其实恰恰相反，进入 5G 时代之后，短视频才真正地迎来发展的黄金时期。在等待的过程中，创作者需要做的就是不断更新自己，这样才能够在短视频时代来临时跟上发展的脚步。

6. 短视频告别野蛮生长，优质内容成唯一绝招

随着信息科技的快速发展，人们已经进入了第三媒介时代。短视频就是第三媒介时代最好的产物之一，它让流量变现的方式变得更加快速、有效和直接。以智能手机为载体，短视频在发展的过程中整合融入了多种用户功能，成为凝聚在线粉丝的中坚力量。

短视频快速发展下的违规现象

当下，社会的经济发展正处在转型期，人们的心理需求和审美标准正在发生剧烈的变化，人们在探索规则的过程中发现，虚拟的网络空间给人们提供了一个挖掘自我价值的重要场所。短视频的出现，符合现代人的使用需求，它的整体设计不仅能够给人们带来前所未有的新鲜感，而且能够快速定位用户市场并发挥长尾效应。

短视频作为满足人们精神娱乐需求的媒介之一，在大众文化中具有强大的张力，市场中蕴藏着巨大的商机。但是，在短视频的发展过程中，不可避免地出现了各种问题。因为越是低俗的内容，越容易产生诱惑。很多创作者为了博取用户的关注进行流量变现，无下限地发布各种不良内容的短视频，短时间内聚集了大量的人气。比如，平台上频繁出现和吸毒、偷盗、没有任何保护措施的极限动作、早孕等不良信息相关的短视频内容，严重歪曲了正确的价值观，给社会带来了大量的负面影响。

监管风暴来袭

2018年4月10日，有"段友"像往常一样打开××段子App，发现App上面只显示了一条信息："根据监管部门要求，××段子客户端及软件将永久关闭。"国家广播电视总局的官网上也发布了这条消息，他们在督查整改"××头条"网站的过程中，发现××段子App存在导向不正、格调低俗等突出问题。

在××段子之前，有关部门已经约谈过一些短视频平台负责人，严令禁止在短视频平台上出现各种违规内容，并且责令其整改或者直接关闭。

短视频是面向大众的一个行业，随着网络生活的日渐丰富，越来越多的人将目光聚集在短视频上，尤其以年轻人居多。"每个人都是生活的导演"，这个设想是非常美好的。但是如果没有任何监管措施，任由用户自由发展，那么短视频无疑会走向粗俗、恶俗，甚至无下限地挑战法律的底线。国家对短视频这个新兴行业的出现是非常看好的，这是社会发展趋势下的必然产物。因此，必然会加强监管力度，开展短视频行业不良内容集中整治。同时，各个短视频平台也应配合监管，杜绝三观不正的短视频出现在平台上。

有人曾说过："短视频野蛮生长的时代已经过去了。"的确如此，随着国家和平台的监管越来越严，不健康的和抄袭恶搞他人内容的行为受到了平台的严厉打击,为短视频行业带来了一股清风。而且,用户的观赏水平也逐渐提高,创作者为了吸引用户的眼球而刻意创作的带有低俗信息的短视频已经失去了原有的风光。

坚持走内容路线的二更

在短视频领域,坚持输出优质内容才能站稳脚跟。主打"生活方式视频"的二更在内容道路上越走越远。2015年,二更短视频与"深夜食堂"融合,正式发展为视频新媒体平台。

到2016年,二更已经原创了1 000多条短视频。这些优质原创的内容迅速为二更吸引了众多粉丝。因坚持原创、输出优质内容,2016年下半年二更就实现了盈利,短短的两年时间对于一家初创公司探索一个新兴领域几乎是不可能的事情。二更不仅拥有自己的短视频平台,还入驻了抖音。截至2019年8月,在抖音上,二更账号的粉丝已经有了446万,发布的作品获得了1245.9万的点赞,如图1-10所示。

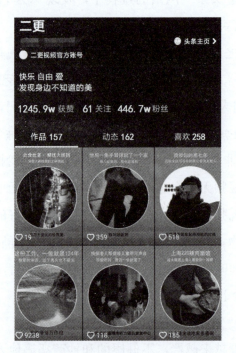

图1-10

二更的镜头非常善于抓住视频中人物的闪光点，在短短的几分钟时间内描述一个又一个让人回味无穷的故事。有上海爆鱼店老板娘努力打拼的岁月，有女记者花费十年时间记录的 11 个盲人的流浪岁月，还有只有一条胳膊的快递小哥坚强支撑起家庭的励志故事。二更用真实经历告诉创作者，想要真正地在短视频领域生存下来，就不能只做搬运工，远离恶俗、低俗的内容，形成自己的思想，发布正能量的视频内容。因为现在真正优质的原创短视频非常稀缺，只要创作者有想法，且作品原创有趣，现在入局短视频一点儿也不晚。

短视频优质内容的标准

短视频行业发展已经走到了十字路口，如果创作者继续秉持敷衍的态度，不在短视频的制作和内容上下功夫，即使你创作过爆款短视频，也会被广大受众抛弃。清华大学的沈阳教授说过："我们要坚决摒弃通过低俗内容攫取超级流量的想法，应该向社会提供适合传播的内容。"

尤其是现在各类短视频平台林立，人人都可成为 PGC（Professional Generated Content）博主，哪怕于内容上毫无创新之处，你也可能只因为一张漂亮的脸蛋而创造出超高浏览量的短视频。因此，无论对于短视频从业者，还是对于品牌方而言，都迫切需要定义优质短视频的客观标准。

对于短视频的内容，创作者要注意以下两点。

第一点，传递正确的价值观。

用户观看短视频获得感官刺激只是目的之一，重点是用户能够从短视频中获得什么样的价值。优质的短视频能够融入正确的价值观，通过短视频传递真善美。短视频的内容可以是创作者对美好生活的记录，也可以是一个充满哲理的简短小故事。创作短视频时，只有用优质、鲜活的内容去承载正确的价值观，才能够赢得更长远的未来。

第二点，细节打磨。

内容优质的短视频，从来都不是无中生有，创作者仅有一个好的创意，并不一定能够成就好内容。创作者需要对每个细节进行深思熟虑的磨合，才能最终得到一个完美的成片。一般而言，短视频的细节打磨包括下面几个方面。

（1）构图

拍摄之前，创作者应该学一些摄影基础或者选择有摄影基础的人拍摄，保证视频的整体构图合理、有序，画面充满质感。

（2）光线

在拍摄短视频时，根据短视频需要选择光线，一定要保证短视频的清晰度，没有用户喜欢去观看模糊、画质不清的短视频。

（3）后期制作

短视频的后期制作非常重要，比如背景音乐、滤镜、字幕、特效等，那些看起来非常专业的爆款短视频都是因此诞生的。

在碎片化的时代，人们的注意力稀缺，创作者想要获取用户的关注，必须在短视频的内容和故事上下功夫，才能让用户觉得有趣并主动分享。短视频的市场越来越火热，在有关部门和平台的监管下，市场逐步走向规范，给创作者提供一个更加合理的发展平台。

7. 新动向：短视频未来风口又在何处

截至 2019 年 6 月，短视频的出现，为很多行业的发展带来了新的机遇。不可否认，随着两年多的爆发式发展，短视频已经成为一个新的发展风口，给人们带来巨大收益。但是，互联网行业向来新陈代谢很快，而且入局的用户越来越多，短视频如何才能保住行业制高点呢？

BAT 布局短视频，完善生产业链闭环

BAT，是百度、阿里巴巴和腾讯的缩写。意识到短视频市场的巨大潜力之后，这三家网络巨头公司纷纷下场，投资研发属于自己旗下的短视频 App，不断完善短视频生态产品链。百度投资的好看视频，上线一年

多的时间，用户规模就突破了 2 亿，成为短视频领域中的一匹黑马。好看视频将自己定位成一个"让人成长"的短视频平台，希望用户去探索世界、自我提升以及获得幸福快乐。这种内容的差异化定位，让短视频内容以知识型和正能量为主，让好看的短视频拥有了更好的发展前景。

阿里巴巴一直坚持做社交属性的短视频，它投资了土豆视频并支持其转型，平台口号也变成了"时刻有趣着"。其实，阿里巴巴投资短视频的策略是比较分散的，除了土豆视频，阿里巴巴于 2018 年 5 月推出了一款名为"独客"的短视频 App，在下半年又推出了一款名为"鹿刻"的淘宝短视频 App，主要打造用户生活消费类短视频社区。

腾讯从 2013 年就开始布局短视频，并在 2017 年 8 月开启了微视短视频。在腾讯生态的支持下，用户可以任意调取 QQ 音乐的千万曲库、游戏、动漫、影视等素材，同时还推出了高能舞室、视频跟拍、AI 美颜美型滤镜和歌词字幕等功能，吸引了大量用户参与。

越来越多的投资者入局短视频，短视频的风口将会给更多领域带来更多的改变。

创造新的营销模式

以往用户看到广告时，常常会产生反感的心理。用户在抱有某种预期观看视频时，却被强行灌入各种不同形态的广告，这与用户的预期产生很大的出入，从而引发强烈的逆反心理。短视频恰好改变了原有的营销模式，在平台上，各种产品广告往往是以原生内容的方式出现的，将各种产品完美地植入到视频中，生动有趣地展现产品信息。

短视频的带货能力非常强大，很多短视频达人只需要在视频中简单地介绍一下产品的功能和使用感受，虽然广告信息很明显，却有很多用户愿意接受，并且在视频达人的分享下去购买产品。红人电商是短视频机构和电商平台联合共同试水的结果，当视频达人的带货能力被认可之后，很多短视频平台便会加速商业化的布局。比如，打通淘宝商城完善电商功能，升级快速接单让广告变现等，如图 1-11 所示。

图 1-11

短视频的快速发展，将形成新的电商营销模式，良好的数据也让更多创作者跃跃欲试。据统计，快手短视频平台上的卖家已达数十万，成交额达到数十亿。在抖音上，通过抖音购物车参与注册的账号超过 7 000 多个，仅仅 2018 年"双十二"就为商家带来了超过 120 万的订单量。短视频将成为电商生态链中的重要一环，对于短视频创作者而言，只要作品能吸引大量用户，就可以实现利用短视频进行流量变现，创作者也将获得短视频平台、电商的青睐。

网络红人的触顶生长

互联网的快速发展，让普通人和明星之间的界线发生了改变。尤其是短视频的出现，只要你能够自带流量，在网络上掌握话语权和号召力，就具备传播价值。

短视频爆红之后，衍生了一大部分以 IP 为载体的内容产品，短视频赛道、直播赛道的头部红人频繁参演各种综艺节目和影视作品。比如，短视频达人辣目洋子，从 2016 年 10 月开始推出各种搞笑短视频，曾获得秒拍第二季"金栗子"奖中"最佳幽默娱乐视频奖"。当她的可观流量引起投资商的重视之后，便开始正式涉足影视圈。2017 年 12 月，她参演了情景喜剧《生活大爆炒》，2018 年 9 月参演动作喜剧片《胖子行动队》，同年 11 月又参演了青春喜剧《生活对我下了手》等。在这其中，辣目洋子还参加了各种综艺节目，可谓是突破了原有的圈层，获得了新的发展。

短视频的发展，给了普通人出名的机会和希望，同时，因为头部红人自带流量和辨识度，从而让节目或者作品获得大量的关注。在 2018 年，网络综艺节目中出现了很多短视频达人的身影。在 2019 年，这个趋势将会继续保持。

Vlog，短视频的新风口

Vlog，全称为 Video Blog，即视频博客、视频网络日志。在以往的博客中，用户善于用文字和图片来记录自己的生活、心情和发生过的各种事情。随着短视频的发展，用户现在越来越趋向于利用视频来记录自己的日常生活内容。

Vlog 的口号是崇尚个性化，创作者的消费价值在于独特的生活视觉，这就导致粉丝不容易接受创作者过度的表演痕迹。创作者必须时刻维护与粉丝之间的信任关系，才能保证热度。也正因为如此，Vlogger 的粉丝黏性普遍高于别的短视频达人。

对于 Vlog 短视频，创作者可以发布一些比较具有个性的作品，也可以发布一些日常生活。比如，一个名为子时当归的 Vlogger，她发布的短视频就记录了日常两餐的制作过程，如图 1-12 所示。没有惊心动魄，却足以让人感觉温馨。煮咖啡、切番茄、倒酸奶……明明是一些随处可见的固定、重复镜头，却能强有力地吸引用户一直看下去。

Vlog视频是真实的生活记录，更容易引起用户的共鸣，当粉丝通过Vlog视频了解创作者的生活并且愿意进入到他们生活中去时，短视频真正的商业价值就体现出来了，Vlogger也将迎来真正的红利期。

图1-12

带动资源分配

短视频未来将向三四线城市下沉，这将迎来大批的小城市创作者和用户，他们必然会带来公益内容、招聘内容等，这将是另一个风口。

目前三四线城市的人们未必下载过短视频应用，但他们肯定看过短视频，这些人常常是一些中老年人，他们只会使用微信，对新奇的事物非常感兴趣，对别人分享的短视频津津乐道，对视频中的人物遭遇深感同情；而来自小城市的务工人员苦于找不到合适的工作，他们也想回家，却很难搜到招聘信息。短视频凭借其传播速度，能够很好地解决一些社会问题，比如，小城市中的贫困家庭、残障人士的信息如果借助短视频平台加以扩散，就会收到好心人的救助，而务工人员看到家乡的招聘信息就会回去建设家乡。

未来短视频的发展有无限的可能，随着市场的不断完善，短视频可能会融入各个应用的边界，未来的各个平台是各项功能的综合体，它们不会再专注于一项功能，创作者也将在各种风口中获得更多的发展机遇。

8. "短视频+"时代到来,你准备好了吗

在"2017中国(济南)产业金融国际论坛"会议上,何仙姑夫的创始人刘飞说:"短视频息息相关地影响着我们每一个人的生活方式。我参加会议是以短视频的方式发朋友圈,之前大家都在说"互联网+",我现在一直推的观点是,"短视频+"更适合我们现在这个行业。"今日头条CEO张一鸣判断,短视频正在进入全民变现时代,这意味着"短视频+"时代的来临。短视频可以是一个独立的领域,同时又能够无缝隙地与各个行业相互融合,换言之,各互联网平台可以在原有的核心产品上搭建和嵌入短视频功能,如图1-13所示。

2018年主要互联网平台"短视频+"动态

	平台	模式	具体表现	时间
1	淘宝	短视频+电商	在手机淘宝搜索页面增加"视频"图标,点击可跳转至以短视频信息流为展现形式的商品挑选界面	2018.7
2	钉钉	短视频+招聘	用短视频形式呈现求职简历、企业介绍和招聘信息等	2018.6
3	知乎	短视频+知识问答社区	在首页增加"视频"专区,展示精选短视频内容	2018.6
4	唱吧	短视频+在线K歌	上线短视频功能,增加独立内容版块和录制功能	2018.6
5	大众点评	短视频+美食推荐	在首页增加"+号"功能和"视频"专区	2018.4
6	网易云音乐	短视频+在线音乐	推出短视频现金激励计划	2018.3
7	途家	短视频+在线租赁	上线短视频看房功能	2018.2

图1-13

短视频+社交

在过去PC端盛行时,社交方式局限在E-mail等传统应用中,文字就是主流的社交形式;3G移动网络普及之后,图片和语音占的比例逐渐变大;在4G网络和即将到来的5G网络下,短视频将大规模地出现在社交

平台上，并且逐渐成为社交的主流形式。事实上，现在很多短视频平台都在逐渐往社交方向靠拢。比如，多闪短视频 App 在设计应用核心的时候，就是从短视频社交入手的。

将短视频与社交结合起来，可以为用户打开一扇新的大门。用户在娱乐的同时，还可以发展新的人脉，推动社交媒体的发展。

短视频+电商

用户通过观看短视频进行购物，已经成为生活的常态。电商平台淘宝，为了适应时代的发展，在手机淘宝搜索页面增加了"视频"图标，用户只要点击图标就可以跳转到以短视频信息流为展现形式的商品挑选界面。很多短视频创作者是通过接广告来赚钱的，他们在平台上拥有庞大的粉丝量，粉丝就是潜在的消费者，很多商家将短视频看作获取流量的渠道之一，邀请短视频达人在视频中推荐产品。或者，商家将平台看作一个巨大的流量池，他们会根据产品的功能、特点和用户的需求自行创作短视频来吸引用户消费。

现在，大多短视频平台与各大电商合作，上线了购物车功能。用户在观看短视频时，左下角便会弹出短视频中出现的商品的链接。如果用户有意向购买，便可以直接点击链接跳转到购物页面。

调查发现，通过短视频购买产品的用户比例正在逐渐上升，在未来的 5G 时代，短视频的巨大流量池将成为电商商家争夺消费者的主要战场。

短视频+知识变现

早前的"知识变现"主要通过文字的形式去解答人们的各种问题，从而获得赏金。比如，在知乎、果壳等知识问答型内容社区，用户可以通过付费提问得到解决问题的方法。2018 年 2 月，知乎上线了短视频制作工具，支持直击录制和剪辑视频。用户可以通过录制视频去回答问题，同时工具还具备了文字、音乐、贴纸和滤镜等多个特效，增加了视频的质感和信息含量。知乎的短视频功能与很多短视频平台所具有的功能类似,但是用户通过视频来解答问题,可以更加形象具体,大大增加了平台用户的黏性和留存率。

短视频+招聘

在人们的常规印象中,想要找工作,就去招聘网站给公司投简历或者是去公司网站根据要求直接投简历。通过短视频形式招聘,让人觉得非常新鲜。招聘方可以在短视频中讲明招聘要求,展现应聘者最关心的工作环境、福利待遇以及工作职责等。相对于单纯的文字和图片,短视频能够传达更丰富的内容,备受招聘公司的青睐。比如,以钉钉为首的招聘网站在2018年6月就推出了"短视频+校招"的模式,颠覆了人们对以往招聘的印象。

短视频对于应聘一方而言,同样是非常友好的。应聘者可以根据自身的求职技能或者特长制作非常具有自己特色的短视频,同时还可以运用短视频中的各种特效,让自己的视频看起来制作精良,以此来展现自己强大的后期功底。

短视频+美食推荐

短视频与美食的完美结合,将饮食行业推向了另一个高潮。直播行业盛行之时,很多吃播博主都拥有了大量的粉丝,由此可见人们对于美食的喜爱。在短视频领域,短视频达人可以去各种美食店品尝美食,并且将其制作成视频向用户推荐,帮助商家引流。这是三方获利的三赢局面,并且会成为未来饮食行业引流用户的主要手段。比如,大众点评App在首页增加了"+"功能和"视频"专区,只要用户品尝过的美食店,就可以将拍摄视频推荐给其他人。

5G时代下的"短视频+"

在5G时代,短视频有了技术的支持,不仅打开速度快,而且各种精彩的玩法将大大提高普通用户的创作兴趣和参与度,短视频将成为内容传播的绝对主力。

短视频＋场景：5G时代，拥有低延时、大带宽、大连接的优势。在5G技术的支持下，创作者可以将更多的场景和短视频融合到一起，重构一条新的短视频产业链。

短视频＋内容：4G时代，短视频的数量众多，但是内容非常精彩的爆款视频其实并不多，创作者为了保持流量，会不断更新，以保证能得到平台的推荐，这样一来，内容质量就很难得到保证。然而在5G时代，更加智能的信息分发可以让内容行业重新洗牌，根据不同用户的兴趣将优质、垂直的内容更快速地触达用户，低质量的内容也会被快速过滤。

"短视频＋"的新玩法

"短视频＋平台"的商业模式快速崛起，随着短视频行业的规范化和成熟化，各方玩家面对短视频也更加理智，相较于盲目进场，寻找与短视频融合的新形式和新机会更为人所关注。

尤其是社交、电商和新闻资讯等平台，将自身领域与短视频相结合，以一种新的面貌出现在用户面前，短时间内就获得了大量的流量增长和媒体曝光。

创作者在探索"短视频＋"的模式时一般从三个方面考虑入手：内容嵌入、功能嵌入和战略嵌入。

内容嵌入。就是将短视频当作一种引流用户的内容入口，将其嵌入到平台中。这种模式是一种程度比较浅的嵌入形式。

功能嵌入。就是将短视频与平台自身的特点结合起来，短视频是一种作为平台功能补充和增值的形式存在。将其嵌入到平台中，可以对产品进行优化，从而提升用户的体验，将用户变成忠实粉丝。

战略嵌入。就是借助短视频在用户触媒习惯、内容形式和行业的热度上的优势，制作核心产品的短视频，并将其嵌入到平台中，承担起核心交易的责任，以达到平台战略扩张的目的。

当下，短视频 UGC 已经成为大多数年轻人自我表达的一种方式，而互联网平台上的主要消费群体就是年轻人。所以，短视频营销生态已经形成。短视频的时代已经来临，各大网络平台已经意识到短视频带来的各种发展机遇，于是纷纷入局，除了上述介绍的几种，还有"短视频＋音乐""短视频＋租赁"等玩法。创作者只要善于发现，有了想法之后大胆去做，就能在短视频领域开辟出一条新的道路。

第 2 课

短视频的 4 个底层传播逻辑

1. 产品逻辑：比图文和音频承载量更为丰富的内容形式
2. 市场逻辑：快餐式的消费需求
3. 用户逻辑：短视频平台的用户画像
4. 裂变逻辑：从中心化到去中心化的过程

1. 产品逻辑：比图文和音频承载量更为丰富的内容形式

随着科技日新月异，人们的生活越来越富足，相对地，人们的精神生活也要求更加多姿多彩。在互联网快速发展的基础上，消费者对于网上的内容消费和网络社交的需求不断增大。当形成新的消费习惯之后，传统的文字和图片形式已经不能够满足当下的用户需求，短视频便成了用户更加偏好的内容传播方式。

短视频为什么更受欢迎

YouTube 全球内容合作副总裁罗伯特·金科尔曾经公开预测："到 2020 年，视频将占据移动互联网流量 90% 的份额，而在 2017 年 8 月份的中国，这一数据是 70%。"随着科技网络的发展和智能手机的普及，相比功能比较单一的图文和音频而言，视听结合的视频更受人们的欢迎。

据统计，2016 年中国生产了 944 部电影，330 部电视剧，共 14 768 集。这个产量相比以前，已经有了非常大的进步。但是，自从 2015 年小咖秀横空出世，短视频正式出现在人们眼前，到 2017 年的快手平台，短视频的日均上传量已经快速增长为 1 000 万条。没错，就是日均上传量！累积起来，到 2019 年短视频的产出量将会达到一个非常惊人的数字。

甚至，很多网上商家也引入了短视频。在之前，淘宝的详情页用得最多的是就是图文结合的模式，有的商家更是简单，只用寥寥几句话来介绍商品。但是，自从引入短视频之后，商家统计数据发现，相比单纯的图文形式，短视频刺激用户产生购买的转换率比单纯的文字高出了 5.15 倍。

对于这种现象，心理学家解释：这是因为人类存在着"生动性偏见"，也就是说具有视觉显著性的信息更加容易左右人们的判断。相对于静态的图文而言，动态的视频更能吸引人们的注意力，也更有感染力。

短视频较图文、音频的优势

从一开始的秒拍、小咖秀到现在的抖音、快手和微视等，短视频 App

呈现给用户越来越丰富多彩的视频世界。现在,用户甚至根本不用出门,只要打开抖音、快手等短视频 App,就能够体验世界另一头的风景。通过短视频,人们才发现,世界的多元程度已经远远超乎自己的想象。短视频还能够让普通人获得存在感,镜头不再全部停留在明星身上,普通人也获得了更多展示自己的机会。

也许有人曾看过《底层残酷物语》这篇文章,了解到繁华之下竟然还有这样一群没什么存在感的人,读者在感慨之后便抛之脑后了。但是,在短视频平台上,这种主题的视频随处可见,它可能是来源于自拍,也可能是来源于路人的拍摄。今天,短视频在向人们展示着一个更加真实、生动的世界。

将短视频、图文和音频放在一起进行分析,我们可以明显发现短视频的优势。

第一,内容丰富化:相比于图文形式,短视频的信息承载量更大,可以传达更加丰富的内容。

第二,表达个性化:短视频能够更大程度上满足用户表达自我的需求,全面而生动地展示用户希望传达的信息。

第三,形式互动化:短视频在形式上的互动性更强,能够更加促进用户的社交欲望和社交需求。

如果用图来展示,可以看得更清楚一些,如图 2-1 所示。

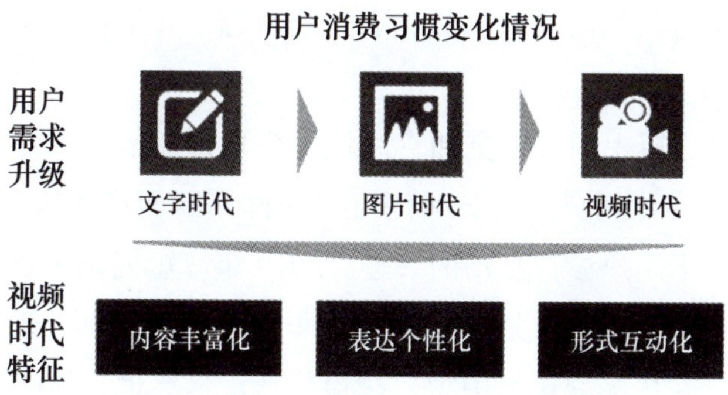

用户消费习惯变化情况

用户需求升级:文字时代 → 图片时代 → 视频时代

视频时代特征:内容丰富化 | 表达个性化 | 形式互动化

图 2-1

或者可以说，视频就是图文和音频的结合体，兼有图文和音频的优点。同时，短视频又拥有二者没有的优点，用更多的时间展示更丰富的内容。最初，短视频的时长在三到五分钟，可以展示很多内容。但是，现在的短视频一般是在15秒钟内，这并不意味着短视频会失去了中心主题，而是创作者更加善于抓住短视频的精髓，用更短的时间实现更精确地表达，吸引用户的关注。

比如，在抖音上有一个账号，上面多是创作者在一个小乡村生活的短视频，让观看的人发现原来在乡村也可以生活得这么美好，仅仅是拍摄一些生活的视频，就能拥有千万粉丝。这在文字时代，是没有办法想象的。人们想要体验这样的风光，除非是自己身临其境去体验或者是通过阅读《消失的地平线》这样的书，然后尽情地发挥自己的想象力。但仅凭想象，一定没有短视频中展示出来的那么生动具体。

短视频展示出让人惊艳的一面

短视频研发的初衷就是记录生活的点点滴滴，这就让它的存在更具有意义，会让更多的人参与其中，内容也会越来越丰富。生活中，非常具有文采的人并没有那么多，如果没有作家去写，那么人们永远也看不到即使小村庄也能有的灵动、让人惊艳的一面。

单纯的图文或者音频作品具有一定的局限性。单从图文的角度而言，阅读一篇并不长的文章，需要花费两到三分钟的时间，如果是仔细阅读，可能还要花费更长的时间。而文章表达的内容，如果在短视频平台中传播，十几秒的时间就足够了。

总而言之，短视频可以更加直观地向用户传递情绪，而且它因为时长比较短，不会让用户因为长时间观看一样东西而产生厌烦感。同时，短视频也提升了用户参与互动的兴趣。2019年，短视频正处在风口，可以帮助创作者收获大量流量。它的操作非常简单，即使一开始不会也可以慢慢练习，并从爆款作品中学习拍摄技巧，最终你也能够打造爆款短视频。

2. 市场逻辑：快餐式的消费需求

智能手机普及之后，人们越来越习惯和喜欢在手机上看电视剧、电影，比如优酷、爱奇艺和腾讯视频等 App。但是，在观看视频的时候，人们常会遇到这样的问题：片头片尾太长、广告太多、镜头重复、对白太啰嗦……

用户观看视频的要求越来越高

通过调查问卷发现，"90 后"的年轻人在观看视频的时候，会频繁地出现拖曳视频进度条的行为，如图 2-2 所示。

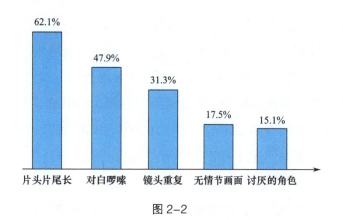

图 2-2

随着时代的发展，人们的生活方式越来越趋于"快餐化"，短视频以一种极简的方式出现并占据了人们大多数的视频娱乐时间。在市场需求下，各个媒体平台都开发了自己的短视频 App，来抢占市场的红利。这既方便了用户，又让创作者获得了更多的机会。

我们熟知的短视频 App 有火山小视频、秒拍、抖音、快手、微视等，每个短视频 App 都有自己独特的风格，可以为各种风格迥异的创作者提供良好的平台和流量。其实，短视频并不只有娱乐作用，还拥有公益教育、传递正能量、传播社会热点等广泛性的作用。

互联网的快速发展，无疑为短视频提供了更肥沃的土壤，加快了网络快餐文化的流行。尤其是 5G 时代即将来临，移动互联网的发展给快餐文化按下了快进键。人们的生活节奏越来越快，用来娱乐的时间也越来越碎片化。在休息时间，没有人愿意将大量的时间浪费在冗长无趣的内容上。如果将视频看作是一种商品，它想要生存下去，就必然要遵循市场逻辑，而"快餐化"的短视频恰好可以满足用户的需求。

短视频"快餐化"的必然发展

在短视频平台上，经常会看到以介绍名著、了解历史为题的短视频，而且点击观看这种视频的用户还很多。为什么这种短视频会有那么多的受众？显然，这种类型的节目击中了人们的痛点，既渴望文化又舍不得花时间静下心来去慢慢研读，于是这种"速成法"自然大受欢迎。

一集电视剧的时长为 45 分钟，假设你工作之余的休息时间为 10 分钟。这 10 分钟的时间里，你只能观看 1/4 集电视剧，而且在这 1/4 集里你还可能遇到不喜欢的情节、无意义的对白等。如果情节十分引人入胜，你看得入迷，时间会不知不觉过去，10 分钟如白驹过隙，而职业道德催促你必须关上手机马上工作，否则可能被炒鱿鱼。但是工作的时候，脑海中萦绕的全是电视剧中的情节，使你无心工作。

大多数短视频的时长通常限制在 15 秒钟。这就意味着，用户有充足的时间去观看一个完整的视频，并且短视频想要吸引用户点击观看，创作者就必须提炼出视频的精髓，然后清楚地表达出来。这就意味着，很多短视频都是比较短小精悍的，具有吸引用户的特质。

短视频最大的特点就是更新非常快，也许一个视频今天还是爆款，明天就会被取代。短视频可以说是拯救了人们的碎片化时间，人们可以更高效率地利用时间，而且人们也越来越喜欢在碎片化的时间去观看短视频。短视频是具有社交属性的，在娱乐的同时还能够让用户与他人互动交往，成为一种新的消费者表达自我的社交方式。

第 2 课
短视频的 4 个底层传播逻辑

但是，短视频的"快餐化"对于单一创作者而言是非常具有局限性的。用户是会产生疲劳的，当你的短视频让用户产生了审美疲劳之后，那么就会流失大量的用户。平台的多样化会加速缩短短视频的生命周期，短视频的玩法和看点不断重复，单调的死循环就会让用户将注意力转移到更加好玩有趣的短视频上，这也就意味着即使你现在因为某一个短视频获得了大量的粉丝，但在不久的未来他们的忠诚度也会在降低。

综上，虽然短视频的出现符合市场逻辑和用户的消费需求，但是创作者想要获取红利，就必须注意粉丝的留存率问题。

3. 用户逻辑：短视频平台的用户画像

从 2015 年短视频创作者开始内容创业之后，经过两年多的大爆发，再到如今的 2019 年，短视频已经逐渐取代图文模式成为人们日常生活中非常常见的娱乐方式之一。市场需求正在趋向于视频化，短视频的商业价值也逐渐被发掘，成为新的品牌营销流量池。但是，创作者想要在此收获流量，只是单纯地发布短视频并不能够取得很好的效果。创作者想要留住粉丝，首先要做的就是弄明白短视频平台对应的用户是谁，即分析短视频的用户画像。

短视频的整体用户分析

从年龄分析，观看短视频的用户多集中在"80 后"到"95 后"这个年龄段，平均年龄为 27.8 岁，如图 2-3 所示。这说明短视频平台的用户正是当下最主流的消费人群，也是创作者最需要留住的消费人群。创作者需要利用短视频来和这些人群进行一种新的对话，将其变为自己的忠实粉丝。

从性别分析，短视频用户的男女比例与整体移动网络用户的男女比例相近。调查数据显示，男性短视频用户的占比为 57%，女性短视频用户的占比为 43%；而男性移动全网用户的占比为 58%，女性移动全网用户的占比为 42%；二者仅相差 1%。

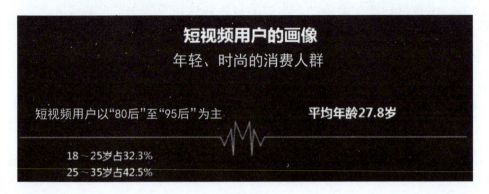

图 2-3

从消费水平分析，在短视频的用户中，中高等消费者数量并不多，中低等消费用户占据了短视频用户的大多数。

用户的观看时间和时长分析

短视频已经浸入人们生活的全天中，无论是坐地铁还是去餐厅吃饭，都能够看到有人拿着手机笑个不停。但是，有数据显示，在一天 24 小时中，有两个时间段短视频平台能迎来用户的大爆发。

一个时间段是中午的吃饭和休息时间；另一个时间段是晚饭后，通常是在晚上八点钟左右。用户经过了一上午或者是一天的工作，需要一种轻松休闲的娱乐方式来放松自己。所以，这段时间是用户高度聚集的时间。通常而言，创作者在这个时间段更新内容，更容易获得平台的推荐和用户的关注。

研究发现，短视频用户的黏性越来越强，观看时间也越来越长。根据统计数据得出，用户单次观看短视频时长的均值为 29.4 分钟，平均每天观看短视频总时长的均值为 65.9 分钟，通过垂直短视频 App 观看短视频的用户已超过了 75%，观看短视频总时长超过 1 小时的用户占 33.8%，如图 2-4 所示。

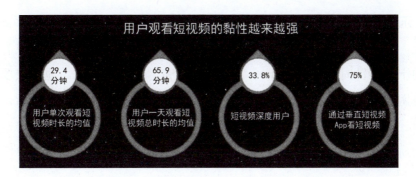

图 2-4

有的用户表示,观看短视频的时候,时间总是不知不觉溜走了,明明只感觉才刷了一会儿短视频,再看时间发现两三个小时过去了。甚至,有的用户在周末可以将两天的时间都用在刷短视频上。这足以证明,短视频高强度的用户黏性足以支撑它成为新的营销阵地。

短视频用户派别分析

每个人都有自己的喜好,短视频之所以能够取得这么高的用户黏度,就是因为它"打开了一个新的世界"。在短视频的世界中,人们可以学习、创作、娱乐、休闲放松,甚至还可以尽情地探索自己的兴趣,拓宽视野等。它为用户打开了一个多元化的专属生态,让用户将更多的时间花费在短视频平台上。根据用户观看短视频的动机不同,我们可以将短视频用户分为四种:沉浸派、生活派、炫我派、镜我派。如图 2-5 所示。

图 2-5

沉浸派。很多用户都有这样的经历，只要开始刷短视频，就有些欲罢不能，即使对某个短视频并不感兴趣也不想停下来，因为短视频只有短短的十几秒钟时间，或许下一个内容就能满足他们的需求。他们只要一有空闲时间，就会不自觉地拿起手机开始观看短视频，看完一个后，总觉得还缺点什么，希望再看到下一个，周而复始。可以将他们的这种行为称为"上瘾"，这样的用户就是"沉浸派"用户，这样的用户多为"95后"。

生活派。很多人观看短视频就是为了学习更多的生活技巧，比如家居DIY、穿衣搭配、美妆、减肥、舞蹈等。这些用户多集中在年轻的女性群体中，她们希望通过这些生活技能来改善原有的生活方式，让自己的生活变得更加方便与美好。这样的群体，我们将其称为"生活派"。

炫我派。有的人喜欢名车、名牌包、名牌化妆品……但是出于自身条件的限制，他们并不能负担昂贵的成本，因此喜欢看别人晒车、晒包、晒化妆品等的短视频，以满足自己的心理需求。除此之外，还有炫肌肉、炫舞蹈、炫酷、炫表情等，都是针对用户的这种心理需求，吸引他们的关注。这类用户，我们将其称为"炫我派"。

镜我派。世界这么大，我想去看看。当一个人有了这种想法之后，却总是被生活中的各种琐碎绊住脚。这个时候，他就会非常羡慕那些说走就走的人。既然自己不能去，那就看看别人的短视频来满足自己的需求，在平行世界中寻找自我。这样的群体，我们就将其称为"镜我派"。

了解用户群体之后，创作者就可以针对不同的用户群体来调整自己的创作方向，根据不同的时间、不同的用户群体匹配不同的场景创作短视频以获得更多用户的青睐。比如，在清晨的地铁上，用户会更关心当天的热点、娱乐等内容；在午休时间，经过了一上午繁忙的工作，用户可能更希望看到一些轻松、有趣、搞笑以及旅行的内容；等到晚上时间充裕的时候，用户可能就更关注一些兴趣类、可以自我提高以及有思考性的内容。

创作者只有充分对短视频的用户画像进行分析了解，才能针对用户的需求创作出用户喜欢的短视频。所以，在一开始，创作者不要急于去进行短视频的拍摄、制作，先分析自己的作品针对的目标群体特征，了解他们喜欢什么样的短视频才是最重要的。

4. 裂变逻辑：从中心化到去中心化的过程

在近两年的互联网发展中，"去中心化"一词频繁出现。真正达到高潮是在 2017 年 12 月，张小龙先生在阐述微信公众平台的八大观点时说："微信要打造一个真正去中心化系统，不会提供一个中心化的流量入口来给所有的公众平台方、第三方。"

现在，"去中心化"一词同样被应用到短视频中，无论是对平台还是用户而言，都是一件非常有利的事情。

中心化与去中心化

中心化，意思是中心决定节点，节点必须依赖中心，一旦离开了中心，节点势必不能单独存活。我们可以举一个例子：在一场演讲中，讲师就是中心。如果没有了讲师，那演讲势必不能继续进行下去。

最常见的中心化短视频平台就是小咖秀。很多应用在推出的时候，都会依赖或者绑定明星。小咖秀同样如此，它在刚被推出的时候，凭借着蒋欣和金星的深度绑定而迅速走红。同时，依赖着微博的资源和强大的运营，迅速吸引了大量的明星入驻。在这个过程中，明星就是小咖秀的中心。一旦脱离了明星的热度，小咖秀就迅速衰败下来。

去中心化，意思是在一个系统中分布着众多的节点，每一个节点都具有高度自治的特征。节点与节点之间可以相互连接，形成一个新的单元。每一个节点都可以成为一个小中心，不会因为失去了某一个节点，而导致系统彻底瘫痪。去中心化通常具有开放式、扁平化、平等性等特点。

打个比方，去中心化的系统就像是一场辩论赛，节点就是参赛选手。每个选手都可以讲话，每个选手都可以选择聆听或者去辩论。

最常见的去中心化的短视频平台就是抖音和快手。这两个短视频平台定位的目标群体不只是单纯的明星网红，还有普通人。快手在推出之际的宣传语是"记录世界记录你"；抖音在推出之际的宣传语是"记录美好生活"，透露出了强烈的去中心化意图。抖音依赖于今日头条的算法机制，在内容推荐和分发上将去中心化变得更加彻底。即使是一个没有任何粉丝的普通人，只要你能够创作出用户喜欢的作品，同样可以收割大量的关注度和流量。

去中心化的内容更丰富

在短视频平台上，可以将用户分为内容创作者和内容消费者。内容消费者的需求，就是利用短视频来消遣、娱乐、放松和学习一些感兴趣的内容等。中心化的视频平台为了留住用户，更倾向于向用户推荐他们更感兴趣、更优质爆款的内容。但是，这样对于内容创作者十分不友好，而且还会让平台的内容逐渐趋向于单一化。

对于内容创作者而言，他们将创作的内容发布到短视频平台上，就是为了利用平台的大流量实现流量变现。去中心化的短视频平台无疑为创作内容的用户提供了更多的机会。平台不会对内容进行刻意的引导，从而衍生出非常多元化的内容生态：搞笑剧情、尬舞、美女、帅哥、各种教程、奇人异事、明星、游戏、手工等。这些内容种类是自然运营生长出来的，用户的参与度高、留存率也高。当内容生态形成后，就可以为内容创作用户的作品构建起强有力的护盾。

去中心化的内容推荐机制

"成都最街坊"就是一次去中心化的爆款短视频事件。没有了娱乐公司包装出道，完全依赖于用户的"共识"，利用共识引爆用户激情和话题流量。

在一次街访时，主持人提出问题："你觉得男人一个月多少工资可以养活你？"被拉住的女孩回答："能带我吃饭就好。"如图2-6所示。短短的一个回答，加上女孩甜美纯真的笑容，迅速获得了用户的喜爱。

图 2-6

"成都小甜甜"事件告诉用户，即使你是一个普通人，依然拥有凭一个短视频就能出名的机会。在短视频平台上，内容的分发机制发生了从中心化到去中心化的改变，这就让创作者的作品获得了更多的平台推荐位。推荐位决定创作者的作品可以获得多少流量，进而可以得到多少社交反馈，包括用户的点赞、转发、评论和关注。

去中心化的短视频平台对于短视频的推荐更为平等，即使你的短视频还不是爆款，依然能够获得推荐的机会。这就意味着，每个人创作的短视频都能够获得平等的展示机会。如果创作的短视频满足了用户的需求，让用户积极参与互动，就能够成为爆款短视频。对于创作者而言，利用短视频收获大量流量也没有想象中的那么难。

所有的短视频平台想要实现的一个共同目标就是向不同的用户推荐他们感兴趣的内容，满足千人千面的个性化需求。这就意味着，每个创作者都能够成为一个小中心点，即使你的作品领域比较冷门，在平台上依然能够找到受众。

去中心化短视频平台，不仅可以为创作者提供一个更优良的平台，还能够更大程度上留住用户，让平台、创作者和内容消费者形成一个良好的生态循环。现在很多短视频平台都在朝着去中心化的方向发展，这种大环境下，短视频创作者能够得到更多的发展机遇。

第 3 课
用户关注短视频的 9 个动机

1. 共鸣：相同的观念、遭遇和经历
2. 好奇：对未知的惊喜和热情
3. 欲望：食欲、爱欲、追求美好的过程
4. 利益：关心与自己利益息息相关的事情
5. 思考：感悟人生哲理
6. 幻想：用别人的美好事物满足自己的憧憬
7. 刺激：听觉刺激和视觉刺激
8. 价值：有用的信息、有价值的知识、有帮助的常识
9. 冲突：强烈反差造成的戏剧性和趣味性

1. 共鸣：相同的观念、遭遇和经历

情感共鸣又称情绪共鸣，一般是指一个人在观察到另一个人处于一种情绪状态时产生的与其相同的情绪体验。比如，当我们和一个快乐的人在一起时，会受到对方的情绪感染而有所兴奋。当我们和一个悲伤的人在一起时，自己的情绪也会受其影响变得压抑、低沉。

同理，看短视频的时候，我们的情绪也会随着其中表露的悲伤而难过，也会随着其中表露的欢笑而开怀。这都属于情感共鸣范畴。短视频的创作者抓住这一点，利用和大众相同的观念、遭遇、经历等来吸引关注和产生转发。

"小时候的味道"——相同的经历

当用户某一天刷到一个有关"小时候的味道"的短视频，会顿时心生怀念之感，并且兴致勃勃地在短视频中寻找是否有自己记忆中的零食，如图 3-1 所示。

图 3-1

为什么会如此有兴趣？就是因为在观看的时候，短视频中展示的内容可以勾起用户儿时美好的记忆，从而对短视频产生亲切感。当一个人在观看短视频的时候，发现短视频所讲述的内容与自己曾经的经历极度相似，他就会想：这样的事情并不只会发生在我的身上，我和这位创作者原来是同道中人。内心的熟悉感和认同感就会促使他去参与互动。

产生共鸣的短视频，就本质而言，是用户在观看你的短视频时感觉与"我"有关。纵观大多数的爆款短视频，它们都有一个共同的特点，就是能够让观看的用户从短视频中发现与自我相关的信息。如果你的短视频凌驾于大众的价值观之上，用户从短视频中完全找不到认同感，他们就不会产生观看短视频的欲望。

想要打造一个爆款短视频，一定要让用户产生共鸣点，建立与"我"相关的传导方式，并且在短视频中传递自己独特的思想。比如，一个网络创业者想要利用短视频引流，便可以拍摄一些有关教授赚钱方法的短视频。在短视频一开始，创作者可以利用情节表达出"贫穷是一件非常让人烦恼又厌恶的事情"这一观点，引起用户的共鸣。然后顺其自然地将用户的注意力引到接下来的方法中，着重表达出"我可以带你去哪里赚钱，最近有什么好事和我一起去做吧"的中心思想，这件事情中"赚钱"就是用户与短视频之间的共鸣点。

共鸣点的本质就是，某一个人的观念、遭遇和经历让他人产生与"我"有关的感觉，但是可能事实并没有相关。所以，创作短视频的时候，重点是要找到让用户认可的感觉。具体可以从下面几点入手。

阶层共鸣点

不同的阶层之间是很难找到共鸣点的，就像是贫穷的人理解不了富人的思维一样，对于富人的事情，穷人也很难从中找到共鸣。所以，创作者首先要确定短视频所针对的阶层或者说是目标群体。如果你的目标群体是创业者，那就找创业者的共鸣点；如果你的目标群体是企业家，那就找企业家的共鸣点；如果你的目标群体是年轻人，那就找年轻人的共鸣点。

比如，现在很多年轻人都处于一种精神焦虑的状态，他们最想要找一个情感的诉求点，然后通过了解别人焦虑的时候是怎么做的来找到摆脱焦虑的方法。如果你的短视频一直在讲"我很成功，我是最棒的"，那是完全找不到阶层共鸣的，你创作的这个短视频就是失败的，完全无法吸引目标群体的注意力。

情感共鸣

有一个女孩失恋了，非常伤心。有一天她看到了一个短视频也是讲一个人失恋了，独自疗伤，最后走出痛苦的事情。她认为自己可以向短视频中的人学着坚强起来。还有一个人，工作非常忙，经常加班，很少有时间回家和父母团聚。有一天，他看到一个短视频讲的内容是子欲养而亲不在，瞬间泪目。从此不仅干好工作，还会抽出时间陪伴家人。还有一种情感共鸣是引起人们的恻隐之心。比如，一个很富有的人欺负了一个非常穷的人，很容易就会引起人们的恻隐之心，并且很快引发社会舆论。

爱国情怀

现在短视频平台上最热、点赞最多的视频是什么？不是搞笑类的，也不是萌宠萌娃类的，而是与爱国、军威和正能量有关的视频。如图3-2所示的短视频，是消防员冒着生命危险将被困人员从大火中救出来，点赞223.5万，分享2.5万。平台上这样的短视频点赞都在几十万甚至上百万，就是因为用户为他们的行为而感动。这种类型的短视频，感动、自豪都是用户能够产生共鸣的点，创作者只要抓住这一点，创作的短视频就能受到用户欢迎。

分享价值

价值更容易引起用户的共鸣，因为用户能够从中获取收益，也就会更加关注这个事情。比如,一个分享学习 PS 技巧的短视频,点击观看的人很多,就是因为用户从中找到的共鸣点与"我"有关。

图 3-2

想要让用户与你创作的短视频产生共鸣,那么就要让用户在观看短视频的时候产生认同感。创作短视频的时候,遵循上述四个原则,学会站在用户的角度思考,找到用户的共鸣点,换个说法就是找到用户的痛点,这样才能将用户变成你的忠实粉丝。

2. 好奇:对未知的惊喜和热情

一个人去做某件事情时,一定是有动机的。比如,一个人去吃饭的动机可能是饿了或者想要品尝美食;一个人去运动的动机可能是想要保持好身材……好奇心,就是人们行动的一个重要动机。

在好奇心的促使下,人们才能够对未知的事情一直抱有探索的热情,并且在探索的过程中不断地发现惊喜和获得成就感。

在短视频平台上除了搞笑类视频占据一部分流量之外，还有另一类视频同样也占据了不少的流量。这类视频的账号会为用户提供一些未知、稀奇、"涨姿势"的内容，满足用户的好奇心。很多事情，用户并不能亲自去探索发现。这个时候，如果有个人可以拍摄一些短视频来满足用户的好奇心，他们就会对创作者产生好感，并且好奇接下来创作者还会发布什么有趣的短视频，进而去关注对方。

外国人的中国生活

很多人都会对外国人的生活感兴趣，抖音上有一个名为"歪果仁研究协会"的账号，发布的视频都是和外国人有关的街坊视频，如图3-3所示。这个抖音账号的粉丝有600多万，已发表的作品获得了4 900多万的点赞。

图3-3

很多用户都会非常关心外国人对于自己国家的评价，利用这一点，主持人经常会在短视频中问被采访者一些类似"你对中国有什么样的评价"

的问题。这些被采访的外国人普通话都说得非常溜，这与人们的一贯认知形成强烈的反差，从而引起用户的好奇心。在这种好奇心的驱使下，他们就会点开这样的短视频，来寻求答案。

地球冷知识

抖音上还有一个名为"地球村讲解员"的账号，主要提供一些新奇、令人脑洞大开的冷知识来满足人们的好奇心，如图3-4所示。这个抖音账号的粉丝已有900多万，发表的作品已获得了3 800多万的点赞。

图 3-4

这个账号发表的视频主要讲解一些未知的科学知识，比如"地球冷知识""外星人躲在哪里""登陆太阳""未来吃什么"……其中，有一个最火的"人类突然消失"的视频，讲述的内容是人类突然消失，地球会变成什么样子。这些冷门知识，很多人都会有疑问并且非常想知道。发布这样的视频，不仅可以满足人们认知生存环境变化的需求和好奇心，还能够成为社交场合的谈资。当你谈及别人不知道的知识时，很容易引起他人的好奇心，成为社交场合的焦点。

探索世界

人们经常对于自己从没有踏足过的地方或者领域抱有强烈的好奇心，因此一些极限挑战、旅行账号发布的短视频就满足了人们探索外界的好奇心："虽然我不去旅游，但是同样可以感受那里的风景。"所以，这些账号的粉丝也不会少。如图 3-5 所示，这个账号已拥有 120 多万的粉丝，发布的作品获得了 590 多万的点赞。

图 3-5

好奇心是每个人天生具备的能力，也是一个人非常重要的能力，它可以让你的生活变得更加丰富多彩。一个没有好奇心的人，他的信息库会长期处于封闭的状态，从而失去对生活的激情。因此，在创作短视频的时候，你就可以从满足用户好奇心这个角度出发，持续为用户提供类似的信息，从而激发用户对你的关注。那么该如何去做呢？

研究发现，人们的大脑对于外界环境的变化是非常敏感的。一旦大脑察觉到变化，就会促使人们去了解。所以，在创作短视频的时候，首先可以从人们很少涉及的领域入手，比如科技、玩酷、魔术、国外知识等。如果你是一个网红，还可以从揭秘"网红日常生活"入手来吸引人们的关注。

其次，创作者要注意，短视频的创意一定是生活中不常见的。对于常见的事情，人们的大脑已经形成惯性思维，不会将自己的注意力分散到这方面。对于不常见的事情，他们的好奇心就会催促他们点开短视频了解未知的知识。

最后，创作短视频的最终目的是引导用户去关注，成为长期粉丝。所以，短视频的内容一定要真实，有科学依据。不能为了引起用户的好奇心而散布谣言，这样只会流失粉丝，甚至被封号。

当你明确了利用好奇心创作短视频的规则之后，就会发现其实创作爆款短视频并不是很难。只要遵循上面的规律，你也会成为下一个短视频达人。

3. 欲望：食欲、爱欲、追求美好的过程

对于能够给自己带来愉悦体验感的事物，人们总是抱有极大的包容心和耐心。在生活中，能够给人们带来美好体验的通常是满足了内心需求的事物。比如，品尝到了美食，会带来美好的味觉体验；每天都能够收到来自男朋友的关心问候，享受爱情的甜蜜；生日当天，发现好朋友送的礼物是自己一直想买的背包，心中非常感动；想要提高自己的专业能力，报了专业训练班，获得了更高的价值……欲望，是驱使人们前进的最好动力。

在马斯洛需求层次理论中，生理需求是排在第一位的。比如，当一个人同时处于缺乏食物、爱和安全的情况下，对于食物的欲望需求一定是最强烈的。

食欲：让人舔屏的美食

看到美食的图片或者视频时，人们会下意识地吞咽口水，并且聚精会神地盯着看完。因此，很多有关于美食的短视频非常受用户的欢迎，无论是吃播还是美食教程，如图3-6所示。

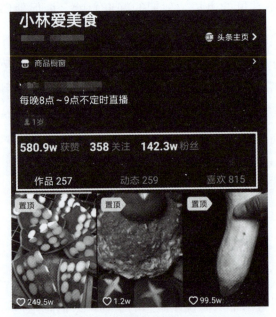

图 3-6

在抖音、快手等短视频平台上，有的美食达人拍摄的短视频不仅能够给用户带来视觉享受，还会在短视频中营造一种悠然闲适的意境。比如，为了做面包，自己亲自搬砖砌墙，做一个专门烤面包的炉子；为了喝到鲜美的鱼汤，冬天亲自去雪山钓鱼；为了揪住春天的小尾巴，去山间采花做花露……他们享受的是制作美食的过程，而不是单纯地为了吃而做。这样如同世外桃源般的生活，吸引了大部分用户的关注。

如果你想要让自己的作品获得用户的关注，又不知道从哪个角度出发，不妨先拍摄一些与美食相关的视频。一边累积自己的粉丝基础，一边寻找自己擅长的领域进行创作。

爱欲：感人至深的情感

正所谓："爱与美食不可辜负。"人们除了对食物具有强烈的需求之外，对于爱同样会有强烈的关注。爱，是一种让人觉得非常美好的东西，当你察觉到自己正在被爱的时候，会产生非常幸福的感觉。这种感觉可以通过短视频传递给用户，无论是开心还是感动，都能够给平淡的日子带来不一样的色彩。

2019年6月16日是父亲节，很多创作者都发布了与父爱相关的视频，如图3-7所示。围绕着"父亲伟大"的话题，讲述了各种感人的事情。这种感动，可以在第一时间触动观看者的心弦，想起自己父亲的伟大，对此产生共鸣。

图 3-7

亲情、友情和爱情，是人们生活中必不可少的精神食粮，亲情让人觉得温暖，爱情让人觉得美好，友情让人觉得不孤单。即使你遇到了伤心的事情，如果看到这些短视频，就能感受到短视频传递出来的温暖，心便会被治愈。

追求美好:成就感使人满足

人生最珍贵的财富就是追求美好的过程,在这个过程中付出的努力、累积的幸福感和成功之后的满足感是很多事情都无法比拟的。很多人都有这样一种体验,当在做一件积极的事情时,每天都将过程记录下来,等到事情真正成功之后,再回忆此前的过程,将会充满成就感。

如果将这个过程创作成短视频,即使观看者无法亲自参与,但观看到当事者追求美好的整个过程,同样也会心情愉悦。在这种愉悦的心情驱使下,用户便会主动参与互动。

比如,前段时间在抖音上流行在阳台种西瓜的短视频。创作者每天都会拍摄记录西瓜变化的影像,然后将其制作成短视频,并且将收获的喜悦通过短视频传递给用户,如图3-8所示。

图3-8

从食欲、爱欲和追求美好过程出发创作的短视频,其实就是希望能够向用户传递一种美好的情感,然后引起他们的共鸣。这一类短视频,是基于与用户处于平等姿态,以和朋友分享美食、感动和美好的事情的心态去创作的。

发布这类短视频的时候,最好是从正面的角度出发,传递正能量,这样才能够让用户长期关注你,成为你的粉丝。当然,如果一开始你不知道哪些短视频可以吸引用户,就可以从以上三方面入手,寻找可以让人觉得幸福和感动的事情,将其拍摄成短视频,上传到平台,或许就会成为下一个爆款短视频。

4. 利益:关心与自己利益息息相关的事情

人们总是更愿意去关心与自己利益相关的事情,每当遇到一件事情,总会下意识地分析:"这件事情能够带给我什么好处?"如果这件事情能够带来足够的好处,人们就会投入更多的精力去做这件事情。如果这件事情无法带来好处,人们或许只会关注一时,很快就会失去兴趣。

创作短视频也是如此,想要让自己拍出的短视频吸引用户,就必须在视频中清楚地告诉用户他们可以得到什么利益。用户通常关心的利益有三种:与自己息息相关的利益、群体利益以及地域利益。

与自己息息相关的利益——月薪三万的人会收藏的网站

上班工作,每个人都希望自己工资高,可以买各种喜欢的东西。在观看短视频的时候,一旦看到涉及涨工资的视频,就会点击观看。因为这是与自己利益切实相关的,如果视频中的内容有明确的借鉴性,用户就会积极地参与互动。如图3-9所示,这个短视频的内容是讲"月薪三万的人会收藏的网站",点赞120余万,有12余万人转发分享。

看到"月薪三万"四个字,很多人都会眼前一亮,毕竟这样的高工资是人人都羡慕的。他们会想:"如果我和她一样收藏了这些网站,也会涨工资吗?"在这种想法的驱使下,他们就会去点击观看短视频。

很多年轻人都会对自身的现状产生焦虑,他们大多面临着个人经济状况堪忧、未来发展迷茫、自身价值不知如何提升等问题。如果能够在一些短视频中找到答案,他们便会高度关注。

图 3-9

群体利益——减肥训练营

如果你的目标群体是想要减肥的小伙伴，知道他们会关注什么样的账号吗？没错，就是各种减肥达人或者健身达人的账号。从这些达人发布的短视频中，他们可以获得具体的信息来改变自己。如图 3-10 所示，就是一个减肥健身达人的账号，她发布的短视频都与减肥健身有关，拥有 400 多万粉丝，发布的作品获得了 950 多万点赞。

同样的道理，如果你的目标群体是设计师，那么他们最关心的就是和设计师有关的消息。比如，设计师常用的设计技巧、设计师必备的网站、设计师的月薪等话题；如果你的目标群体是老师，那么他们最关心的就是如何与学生友好相处、如何开发学生的智力等话题；如果你的目标群体是创业者，那么他们最关心的就是创业的时候该规避哪些陷阱、创业时期应该注意哪几点等话题。

利用"群体利益"创作短视频，创作者首先要做的就是明确目标群体，然后去寻找目标群体最关心的利益点。如果目标群体都没有确定，就去创作短视频，就像是生病不去检查而乱服药一样，如果不对症，可能还会造成恶劣影响。

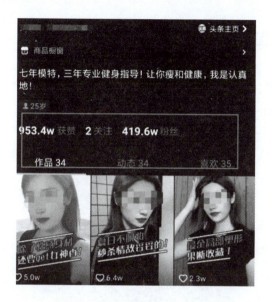

图 3-10

其次，确定了目标群体之后，你就要坚持更新相关内容，不可以三天打鱼两天晒网，更不要今天更新这方面的内容，明天又更新其他方面的内容，而是要始终围绕着与目标群体相关的内容更新。

最后，短视频表达的主题方向要正确，内容要言之有物，让观看者感觉自己切实获得了收益。

地域利益——某一地域的人领取福利

所谓地域利益，就是只有身处某个地域的人才可以领取的福利。比如，你是一家奶茶店的老板，为了获取流量做活动，拍摄短视频上传到平台上。短视频中活动的内容是同城的人点击关注并参与评论，即可到店免费领取一杯奶茶。

如果你是企业商家，就可以利用"地域利益"作为宣传手段，拍相关的短视频来获取大量的流量。

在短视频中明确告诉用户可以得到什么,满足他们的需求,获得利益的他们也会关注你,成为你的忠实粉丝。

5. 思考:感悟人生哲理

在短视频平台上,经常能够看到一些讲述人生哲理的视频,比如复旦大学陈果教授的演讲视频,如图 3-11 所示。这个视频中,陈果老师讲的是"什么叫自信",点赞有 72.8 万,评论 1.7 万,分享量 6.3 万。

图 3-11

在视频中,陈果老师是这样说的:"自己相信自己才叫自信,我们现在很多人的所谓自信就是他人相信我,我才叫自信。你们觉得我好,觉得我厉害,我出现的时候你们都鼓掌,然后我的自信来了。这个怎么能叫自信呢?这不叫他信吗?因为你们信我,我才自信。真正的自信是,你觉得我不好,你也觉得我不怎么样,可是我了解我自己,我知道我自己有几斤几两重。你把我贬得很低,但我还是有非常闪光的地方,我还是有足够多的优点,这个才叫自信。所以真正自信的源头是自己,只有做你自己才能够真正地自信。"

乍一听视频中的话,有振聋发聩之感。很多网友表示:"听陈果老师的演讲,感觉一语惊醒梦中人。"

现在,很多人都反感那些励志、鸡汤的话,认为那些话像是"无病呻吟"。但是,从短视频平台上励志语录视频的点赞量来看,人们对于这样的语言是十分需要的。每个人都会有迷茫的时候,如果这个时候有人告诉你一句非常有哲理的话,就像是黑夜中的指路明灯,帮助你打破迷茫,重新找到人生的方向。

很多时候,当人们进入一个思维僵局之后,就容易钻牛角尖,越想越觉得生活没有希望。当他在短视频中看到别人在相同境遇下经过努力摆脱困境的视频时,就能够去思考:"为什么在相同的情况下,别人能够这么积极乐观?我是否有视频中说的这种情况?这样做真的有用吗?我要不要向视频中的人学习,去尝试一下?"

思考产生了萌芽,就会诱导着他去反思过往的事情,从而发现自己的不足并改正。无论是鸡汤语录视频还是励志的语录视频,其担任的角色就如同一位人生导师,在用户迷茫、犯错的时候通过一句话给予启发,帮助他们拨乱反正。所以,从这一方面分析,创作一些励志、充满人生哲理的视频是会受到用户欢迎的。

励志、感悟人生哲理的视频虽然只是将名人、导师说的话作为素材,但其实并不简单。同样是励志视频,有的点赞有好几百万,有的点赞只有几百几千。单纯地跟风并不能帮你赢得用户的喜爱,创作者还要抓住时机,根据用户的痛点来创作,这才有可能让视频成为爆款。经分析发现,常见的励志、感悟人生哲理的视频通常有下面几类。

1. 励志的演讲视频

励志导师在演讲的时候,通常会围绕一个主题,语言诙谐幽默又能够让听的人觉得非常有道理。创作者可以截取演讲中最精彩的一个片段,将其制作成视频，然后发布到平台上。需注意的是，创作者要选取当下比较火的演讲导师，比如，除了陈果老师之外，还可以选择专门指导学生考研的张雪峰老师。很多人对于是否要考研、如何考研都心存疑问，创作这样的视频可以吸引很多想要考研的用户关注。同时，在创作视频时，要注意版权的问题，万万不能侵害他人的权益。

2. 成功人士语录

成功人士的语录，在某些方面是非常有权威的，他们通过一些人生经验总结出来的精辟之语能很好地启发人们思考，如图 3-12 所示。创作者可以引用俞洪敏、马化腾、任正非、比尔·盖茨、乔布斯等商界大腕儿的话来吸引用户的关注。

图 3-12

3. 名人名言

名人名言如鲁迅先生的"真的猛士，敢于直面惨淡的人生，敢于正视淋漓的鲜血"，屠格涅夫的"生活中没有理想的人，是可怜的人"，拿破仑的"真正的才智是刚毅的志向"……都可以用来制作视频。

4. 正能量励志语录

正能量的话，有时候可以起到鼓舞士气的作用。如图 3-13 所示，视频中有一句话为"被嘲笑的梦想，才有实现的价值"，就是想要告诉我们，不要因为他人的眼光和嘲笑放弃自己的梦想，成功之后就会收获掌声。当一个人感觉伤心、失望、想要放弃的时候，多看一些正能量语录的视频，就能够重新获得前进的力量。因此，这一类的视频也会受用户的欢迎。

当有一件事情足够引发人们思考时，人们对于这件事情的关注度会远远超出你的想象。感悟人生哲理同样如此，他们需要从这些道理中感悟出自己当下最需要的点，因此就会投入更多的精力。所以，创作励志、感悟人生哲理的视频，同样可以帮你获取大量的流量。

图 3-13

6. 幻想：用别人的美好事物满足自己的憧憬

人类是一种天生喜欢幻想的生物，对于美好的事物总是幻想自己也能够拥有。抖音上有一个情感账号名为"小鹿式女友"，她发布的视频，将女朋友塑造成温柔可爱、乖巧懂事的形象。这个账号的粉丝有1 000多万,作品获得的点赞有1.2亿之多,如图3-14所示。

很多用户关注"小鹿式女友"这个账号,就是利用了人们的羡慕心理,对于"别人的老婆/老公"或者是"别人的女朋友/男朋友"的一些暖心、让人感动的行为产生幻想,并且希望这样的事情能够发生在自己身上,充满着期待和憧憬。

这样的视频,通常拍摄的内容都是美好的一面。这种视频之所以会成功,就是因为人们天生就喜欢模仿他人的行为。在观看视频时,当他们产生羡慕之情后,就会自发去模仿其行为,渴望让自己或者他人成为群体中的一员。

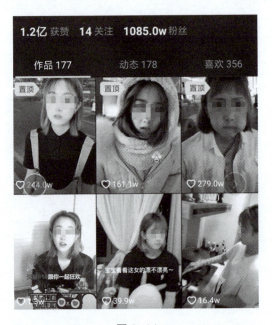

图3-14

"别人家男朋友/女朋友"潜在的意思就是,很多人都希望能够拥有这样理想的男/女朋友。拥有对象的人就会@自己的另一半:"你看看别人的男/女朋友在相同的场景下是怎样做的,你要多学习一下……"如果单身的人看到这样的视频,就会将视频中的人作为自己寻找另一半的标准，或者是渴望成为这样的人。

在这种心理的驱使下，用户就会关注创作者的行为，并且成为一名忠实的粉丝。其实，这种类型的短视频非常常见。比如，有的人希望自己能够成为时尚达人，就会去观看时尚达人的视频学习穿搭技能；有的人渴望成为某个领域的专家，就会去参照模仿那个领域专家的学习行为。

拍摄视频的时候，创作者同样可以利用这种心理，在视频中塑造人们渴望成为的群体形象。比如，穷人渴望成为富人，自卑的人渴望成为自强的人，体型较胖的人渴望成为身材好的人……就极有可能吸引用户的关注。

创作这样的视频，你要做的第一件事情就是确定目标群体渴望成为什么样的人。比如，你的目标人群是那些想要出去旅游但是却因各种原因不能实现的人，那么你就可以塑造一个旅游达人的形象来吸引目标用户的关注。

7. 刺激：听觉刺激和视觉刺激

你是否有过这样的经历：听到一首好听的歌曲或者一个好听的声音，会不断地循环播放，闲暇的时候脑海中也会时不时地浮现这首歌或者这个好听的声音，甚至还会不自觉地唱出来。看到一幅好看的画，或者非常有震撼力的画，就想收藏起来。即使没有办法收藏，也会很长一段时间都不会忘记，想起来就会去看看。

视觉和听觉刺激总是能够驱使人们去行动，哪怕仅仅是一个细微的声音，都能够让人想去探查个究竟。刺激越强烈，印象越深刻。在短视频平台上，有的用户会因创作者的声音非常好听而去关注，有的用户会因为一个非常炫酷的视频而去关注，就是因为这些声音和画面给用户造成了强烈的刺激，让他们产生了深刻的印象。他们关注创作者，就是为了在接下来的时间能够继续获得这种体验与享受。

动人之声——听觉刺激

如图 3-15 所示，这个短视频推荐了一首非常好听的歌曲，并称其为"有种微醺的感觉，蒸蒸日上"，这个短视频获得了 55.7 万的点赞。其实，大部分人的审美是具有一定共通性的，你觉得好听的音乐，别人也会觉得好听，将其制作成短视频发到平台上，就能收获流量。

图 3-15

孔雀之冬——视觉刺激

对于视觉刺激，再没有比舞蹈来得更直接的了。如图 3-16 所示，视频的内容是杨丽萍老师的收官之作——孔雀之冬。在徐徐飘落的雪花之下，舞者的优美被展现得淋漓尽致。这一场视觉盛宴，打动了无数用户的心，让人久久不能忘怀，视频也获得了 76.2 万的点赞。在短视频平台上，各种让人赏心悦目或者看着非常酷炫的舞蹈，点赞一般都不会少。因为视觉的刺激是最直接的，用户看到好看的、喜欢的便自然而然地去点赞，参与互动并且成为创作者的忠实粉丝。

图 3-16

在观看短视频的时候，用户还会发现这样一个现象：视频中角色的声音并不是人物的原声，而且有时候还会出现特效。比如，搞笑类的短视频陈翔六点半就采用了声音处理，将声音变调，轻松搞笑，与视频的剧情更加相得益彰。

应用视觉 + 听觉技巧

创作者在拍摄视频的时候，同样也可以利用这一技巧，让视频变得更加吸引人。想要达到这一效果，创作者可以利用视频后期处理软件。比如，会声会影、Adobe Premiere Pro、数码大师、爱剪辑等。那么，怎么让视频中的角色变声呢？以 Adobe Premiere Pro 为例。

步骤一：下载 Adobe Premiere Pro 软件，点击新建项目。新建项目后，选择好保存路径和文件名，如图 3-17 所示。

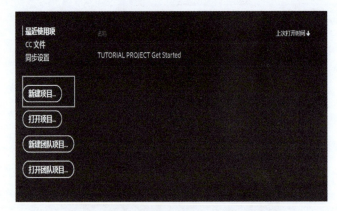

图 3-17

步骤二：建立好任务之后，将你要处理的视频导入到素材面板中，然后点击文件→导入，将视频导入软件中，如图 3-18 所示。

图 3-18

步骤三：将视频拖曳到时间轴上，自动生成一个新的剪辑序列，在时间轴上，V1 表示视频轨道一，A1 表示音频轨道一。这个时候你需要做的就是将音频和视频分别拖曳到相应区域。注意：图中的白色区域可以放大或缩小时间线，如果你的视频很长，就可以拖动以此来缩小轨道视图，如图 3-19 和图 3-20 所示。

图 3-19

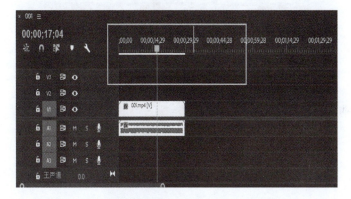

图 3-20

步骤四：在视频文件音轨频道上右击鼠标，选中"在 Adobe Audition 中编辑剪辑"，就可以将音频单独提取出来，在 Adobe Audition 中独立变频和剪辑，如图 3-21 所示。

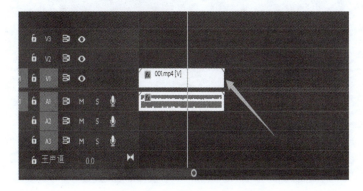

图 3-21

步骤五：将音频成功导入 Adobe Audition 软件后，在波形区域随便点击一下，然后按 Ctrl+A，改为波形文件，如图 3-22 所示。点击菜单栏中的效果→时间与变调→音高换挡器，在弹出的对话框中通过调整半音阶、音分等选项来进行变声，如图 3-23 所示。

图 3-22

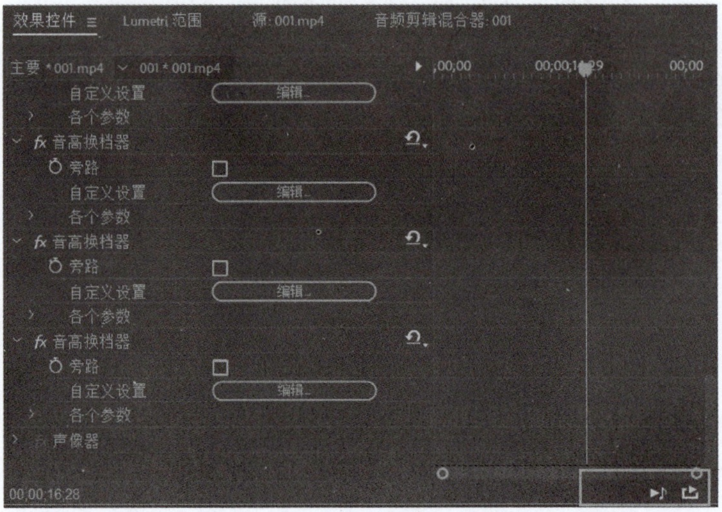

图 3-23

步骤六：在调整的过程中，可以点击对话框下边的"播放按钮"，如图 3-24 所示，随时试听效果。也可以按键盘的空格键来实现此目的。

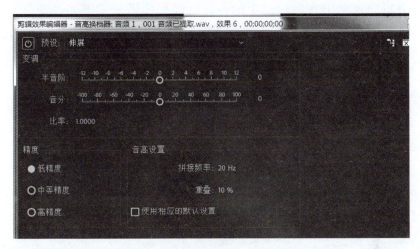

图 3-24

步骤七：点击对话框中的"预设"选项，会弹出如"愤怒的沙鼠""病入膏肓""黑魔王"等软件预设的变声选项，点击就可以直接应用到音频中，如图 3-25 所示。

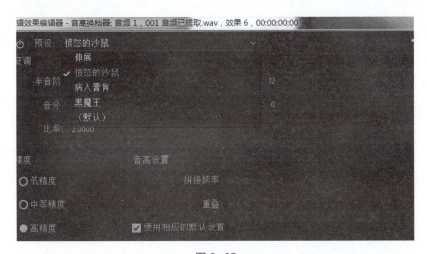

图 3-25

步骤八：反复调整参数，进行试听，直到达到让你满意的效果后，就可以点击"应用"按钮，完成变音操作，如图 3-26 所示。保存好调整完毕的音频后，关闭 Adobe Audition 即可。这个时候，在 Adobe Premier 中，需要剪辑的视频中音频轨道上的音频已经是你做过调整的"变声音频"了，可以直接点击预览来试听效果，同时根据自己的需要对视频进行剪辑。

图 3-26

这只是对视频变声的一种操作方法，创作者可以尝试多种软件。同时，在创作视频的时候，要选择自己感兴趣的题材，这样才能够一直坚持下去。

8. 价值：有用的信息、有价值的知识、有帮助的常识

短视频的种类有很多，有搞笑的、励志的、和爱情有关的、晒娃的、晒萌宠的等。但是无论哪一种类型的短视频，最受欢迎的还是能够为用户提供价值的短视频。

比如，当一个人遇到了一个无法解决的问题时，恰好看到一个短视频可以为他提供解决方法。他抱着尝试的心态试验了这个方法，发现视频中提供的方法非常好用。由此，他便会对这个视频产生好感。这个时候

他会想："也许这个人发布的其他视频也会对我有帮助。"抱着这种想法,他点开了创作者发布的其他短视频。当观看视频后,用户发现竟然真的从中学习到了很多有用的知识,惊喜之下用户就会成为创作者的忠实粉丝。

创作短视频时,我们就可以为用户提供有价值的信息,从知识的角度入手,帮助用户解决各种难题,以此来获取用户的好感度。常见的提供价值的短视频有以下几种。

电影推荐

如今,看电影已成为一种再普通不过的娱乐休闲方式,每当有一部新电影上映,喜欢看电影的人就会蜂拥到电影院。但是,一张电影票并不便宜,在看电影之前,人们并不知道电影的好坏,也就非常容易踩雷。如果感觉不好,既会让人产生失望之情,又浪费了时间和金钱。如果能够有一个电影大V在电影上映之前,拍摄解说短视频对电影进行一番前期解读,这样就可以帮助用户提前排雷。有时候,还可以向用户推荐一些好看的电影。如图3-27所示,这个账号就是专门解说和推荐各种好看的电影,拥有219.8万的粉丝,发布的作品获得了1 362.9万的点赞。

图3-27

这种推荐类短视频也可以应用到音乐、电视剧、动漫等领域，都是同样的道理，你可以选择做自己擅长的。

办公软件技巧

Excel 是一种常见的办公软件，利用它做表格可以大大方便人们的工作。但是，在使用 Excel 的时候，人们经常会遇到一些难题。比如，如何快速求和、如何隐藏单元格内容、如何在 Excel 中获取网络数据……当一个人遇到这样的难题时，可能会忽然想起看过的某个短视频中曾经讲解过相关知识，他便会马上去寻找这种类型的短视频。并且，为了预防以后遇到类似的问题，他就会关注创作者，从该创作者发布的短视频中汲取知识。如图 3-28 所示，这个账号专门讲解与 Excel 有关的各种小技巧，非常实用。它的粉丝有 108.3 万，发布的作品获得了 83.8 万的点赞。

图 3-28

在创作这一类型的短视频时，创作者要灵活掌握。如果你擅长 Photoshop，那么就可以录制一些有关 Photoshop 的使用技巧。当然，也可以是 Word、AI、PPT 等。

生活技巧

"锅盖上的油渍怎么快速去除？""下水道堵了怎么办？""衣服这样存放可以防霉"……类似这样的生活小妙招的短视频平台非常受用户欢迎。毕竟，谁都可能遇到这样的问题，用一些小妙招让生活变得更加便利、精致，是很多人都愿意做的事情。如图3-29所示，这个账号主要介绍一些生活小妙招，粉丝有412.3万，发布的作品获得的点赞有1034万。由此可见，对于比较实用的短视频，用户都非常喜欢。

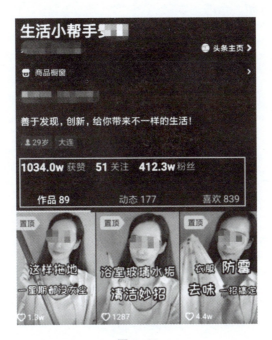

图 3-29

一个账号的粉丝多，说明这个账号发布的视频内容是用户需要的。那么，如果你发布类似的内容，同样也可以吸引一部分用户。当然，如果想要让自己的粉丝越来越多，单纯地模仿是不够的。你必须找到适合自己的领域，然后推陈出新。除了生活类技巧之外，还可以从美妆教程、时尚穿搭小技巧、优惠购物技巧等入手。只要你的视频能够向用户传递价值，就能够吸引他们的关注。

游戏技巧

随着网游英雄联盟、魔兽世界等和手游王者荣耀、绝地求生的风靡，越来越多的人投入其中。很多人都希望自己能够成为游戏大师，但是现实和梦想是有差距的，想得很好，实际操作却不易。有玩家就会推出一些游戏攻略的短视频，教别的玩家怎样玩才能够获得胜利。如图3-30所示，这个账号会发布一些游戏攻略，拥有283.3万粉丝，发布的作品获得了1 935.1万的点赞。

图 3-30

要注意的是，拍摄的游戏攻略短视频一定要是当下比较火爆的游戏。冷门的游戏，玩的人少，那么你的短视频关注度自然就会低。

拍摄这种类型的短视频，粉丝的忠诚度非常高。因为搞笑类的短视频或许可以带给人们一时欢乐，但是这种"刺激"人们很快就会适应，最终产生审美疲劳。而提供价值的短视频却可以帮助用户解决问题，在更新的过程中，不断地帮助用户解决新的问题，带给用户实际的利益。

因此，想要长期地留住用户，就可以从这个角度入手，创作一些具有实际价值的短视频来吸引用户的关注。

9. 冲突：强烈反差造成的戏剧性和趣味性

相较于讲直白故事的短视频而言，一个前后冲突、反差强烈的视频更能吸引用户的关注。在短视频平台上有很多化妆视频。视频中的角色素颜时皮肤很差，显得土里土气。但是，她们化妆之后，不但变得非常漂亮，看起来还很时尚。这种强烈的反差，可以给用户造成视觉冲击，从而吸引他们的关注。

老大爷与总裁——强烈反差

抖音上，有一个名为"爷爷等一下"的账号，创作者经常发布一些和爷爷辈日常生活有关的视频。其中有一个视频获得633.5万的点赞，8.7万的评论，11.3万的分享。视频开始有三位爷爷穿着宽松的背心在公园健身，镜头一转，三位爷爷穿上西装戴上墨镜，摇身一变成为"霸道总裁"，非常帅气地迎面走来，如图3-31所示。

为什么这个视频如此受欢迎呢？就是因为这个视频存在强烈的反差。人们对于公园里锻炼的老大爷已经形成了刻板印象，下意识地认为这三位爷爷就是在公园里锻炼的普通老人。所以，当三位爷爷变成帅气的"霸道总裁"之后，呈现出来的形象和用户脑海中的固定认知完全不一样，形成了强烈的反差。用户对这三位爷爷建立了新的印象。视频中的主角并不是当下非常受欢迎且颜值高的帅哥，但是利用强烈的反差打破了刻板印象，从而吸引用户的关注。

所谓的"刻板印象"，就是指每个人都有自己的偏见，他们会根据自己的经验对某一事物形成固定印象，只要看到相似的人或物，就会将固定印象搬出。这其实并不是一件好事，但是对于短视频的创作者而言，却恰好是一个获取流量的突破口。只要创作的视频有异于用户的固定认知，就能够给他们带来第一波冲击。当你打破了用户的心理偏见，就会让他们像钟摆一样从这一端走向另一端。为了减轻心理上的不适感，他们会驱动自己试图建立新的联系。

图3-31

反差短视频创作要点

创作短视频时，创作者想要吸引用户的注意，便可以利用制造反差这一点让视频变得更加有趣味性。制造反差的关键就是在作品中展露出不同以往的属性，让观看者原有认知失调。具体可以参照下面几个做法。

1. 改变造型营造反差

在人们的固定印象中，小孩就是乖巧可爱的，年轻人就是朝气蓬勃的，老年人就是和蔼可亲的……一旦以不同于他们身份的造型出现，立马就能吸引众人的眼球。比如上面举例视频中的三位爷爷就是利用这一点。而且，改变固有造型也是最简单的方法，不需要太多的技巧，很多人都能够完成。

2. 利用语言来营造反差

观看短视频的时候，经常会看到一个人在一本正经地说着段子，这种反差有时候会让段子变得更加搞笑。所谓的视听语言，就是利用人的视觉和听觉去向用户展示一个完整的剧情，包括音乐、景色构图蒙太奇等。如图 3-32 所示的视频，就是利用了视听反差，在一开始戴上耳机唱歌的时候，音乐非常好听。但是镜头转到路人的时候，音乐又变得非常难听，并且路人还会露出十分惊奇的样子。

图 3-32

像这样通过对视频和背景音乐的剪辑，形成极大的反差，搞笑效果就一下子出来了。当然，很多时候，用户是没有那么多耐心等待你去反转的。在创作视频的时候，你要掌握好节奏，尤其是短视频，时长比较短，要尽量在十几秒钟内将剧情展现完整，不要拖到下一集。

3. 情节反转营造反差

情节反差是最常见的短视频营造反差的手段之一。比如，在视频的前半段营造一个非常让人生气的情节，在结局的时候反转。这种反转最关

键的地方就在于情节的铺垫,通常是先抑后扬或者先扬后抑,整个铺垫的目的就是诱导观众朝着他们所认为的常规思路上走,然后来一个反转,用冲突让剧情进一步激化。

比如,有一个短视频讲了一位骑三轮车的老大爷不小心刮伤了一辆豪车。豪车的主人气势汹汹地走了下来,手中拿着一把锤子,旁边的人都围在一起议论纷纷,老大爷看着迎面走来的豪车主人瑟瑟发抖。这个时候,观看视频的人也会认为情况不妙了。接下来却是一个大反转,豪车主人拿着锤子轻轻地在三轮车上敲打了一下,说:"这样我们就两清了。"然后转身走了,十分出乎人们的意料。这样的反转,不仅让人觉得暖心,而且情节出乎人们的意料,很容易形成一种惊奇感。

在视频中制造反差,只要能够让观看的人觉得呆萌、搞笑、惊奇、感人等,那么你的视频就是成功的,也更容易成为爆款视频。但是,要注意的是,并不是每一种反差都能够带来很好的意外效果,有时候不符合主题的反转,反而会让观看的人心生厌恶。这一点,创作者一定要注意。

第4课

爆款内容的3大内核

1. 定位：定位清晰、精准，做到有的放矢
2. 创新：从不同维度上进行尝试
3. 设计：掌握五大要素，强势植入个人标签

1. 定位：定位清晰、精准，做到有的放矢

创作者在平台上发布短视频是一件很简单的事情，但是想要将其打造成爆款视频却并不简单。这需要创作者拥有一流的策划能力、对市场热度的敏感及对用户需求的把握能力。只有做到这三点，创作者制作短视频时，才能够定位精确。

如果在一开始对短视频没有明确的定位，不经过市场调查分析，创作者仅凭借自己的喜好创作，那么作品很难获得用户的喜爱，短视频点赞数量也寥寥无几，会非常打击创作者的自信心，进而放弃短视频创作。

所以，创作短视频最重要的一步就是定位。创作者只有内容定位清晰、准确，制作视频的时候才能够做到"有的放矢"，并在后续短视频的制作、推广和吸引用户关注活动中起到事半功倍的作用。

通常而言，对短视频的定位包括三个方面：内容定位、用户定位和市场定位。

内容定位

所谓的内容定位，非常好理解。从字面上来理解就是"你想要做的短视频内容是什么"，深入理解就是你的短视频定位在哪个领域或者哪个行业。内容定位决定了领域和题材的选择方向，并且是贯穿创作者某段时间创作短视频的主题。

创作者在定位短视频内容时，很容易掉入"盲目跟风"的陷阱。很多创作者看到什么题材火就跟风创作什么，在平台上看到一个爆款视频马上就跟着别人走，完全没有自己的思想和定位，甚至去涉入一些自己根本不擅长的领域。这样，就会让创作者陷入一种茫然与尴尬的境地。无论什么领域的内容策划，"从众"都是一大忌讳。

虽然别人的视频非常受用户欢迎，但是你并不了解在爆款视频的背后，对方付出了多少努力，包括市场调查、题材筛选以及短视频运营等。

盲目跟风，只会让你失去自己的个性风格，泯然众人。

创作者定位短视频内容时，最简单有效的方式就是做自己最感兴趣、最拿手和最有资源的领域。只有对一件事情感兴趣，你才能够持之以恒地坚持下去，遇到困难也不会轻易放弃；对于一件事情不拿手，在做的途中便会遭遇太多挫折，从而打击自己的自信心；做事情之前要有资源的积累，才不会因为没有材料而被卡住。只有保证做到这三点，才能确保创作者在后期的内容策划上运用自如，不至于一个主题创作了两三条视频后就没有点可挖掘了。

很多创作者表示原创视频很难，其实只是因为没有找对方法。比如，在某段时间搞笑视频非常受欢迎，很多创作者都去做，但是能成为爆款的很少。这个时候，对于创作者而言，最重要的事情不是盲目跟风，而是寻找创作此类视频所需的资源和优势，你的内容优势在哪里？

创作者在制作短视频时要注意，内容定位专注一个领域即可，不要随意更换，避免出现"什么都做，什么都做不好"的结果。

用户定位

用户定位，简单而言就是创作者要清楚自己制作出来的视频是给"谁"看的。这个"谁"，我们可以解读为两层含义：第一层就是直接观看视频的用户，第二层就是潜在用户。比如，当你更新视频时，短视频平台会优先向关注你的粉丝推荐。同时也会向对你的题材感兴趣的用户推荐视频，这些用户就是你的潜在用户。只要你的视频足够有趣，足够吸引他们，他们就会变成你的忠实粉丝。

用户定位和内容定位的关系是相辅相成的，只有二者关系配合好，短视频制作才能够持续发展。

市场定位

市场定位，就是根据目标消费者心中其他同类产品所占据的位置去安排、定位自己的产品，找到差异化优势。创作者如果想要制作出受用户欢迎的短视频，就必须明确短视频的市场地位，即与其他同类短视频相

比，你的短视频具有什么样的独特性，这样才足够有竞争力。

当然，刚开始创作者可能对于市场不够敏感，无法正确把握题材。不必惊慌，创作者可以先从已有的爆款短视频中借鉴经验。但是借鉴并不意味着完全抄袭，抄袭不但会让作品没有自己的特色，而且还会降低用户的好感度。在借鉴爆款短视频的时候，创作者要注意下面几个问题。

第一，避免生搬硬套。创作者在制作短视频时，会考虑自身的条件扬长避短，尽量发挥自己的优势。但是，这些优势并不一定都适合你。如果你不思考，完全照搬，可能就会东施效颦，结果适得其反。

第二，学会总结。每一个爆款短视频会火总是有原因的，可能是符合当下的用户需求、价值观或者是能够产生情感共鸣等。总之，一定有它自己的套路。短视频小白要做的事情就是观看大量的爆款短视频，总结它们的套路是什么，然后将其运用到自己的短视频创作中。当然，最重要的就是在短视频中要发挥自己的特色，这样才能打动观众。

第三，学会适可而止。你如果尝试创作某一类短视频，一段时间仍然没有用户关注，那就证明你并不适合这个领域。要学会适时放弃，不要在自己不擅长的事情上浪费过多的时间和精力，可以尝试其他自己感兴趣的事情。

短视频创作看起来简单，只需要一部手机即可，但是创作者想要在风口上获取红利，创作短视频时必须拥有清晰的思路，对短视频的内容、用户和市场定位都有一个精准的把握，才能创作出受用户欢迎的短视频。

2. 创新：从不同维度上进行尝试

短视频的创作维度，即是创作短视频的不同角度。虽然短视频的玩法越来越多，但是在如此大基数的基础上，依然容易和别人"撞车"。通常而言，短视频平台上比较受欢迎的短视频种类包括搞笑类、恶搞类、美食类、美妆类、萌宠类、育儿经类等十几种。在"内容为王"的时代，如果创作者制作短视频的时候一直按部就班不去创新改变，其作品终将会淹没在短视频的海洋中，被时代抛弃。

半脸模仿装——内容更有趣

在短视频平台上，美妆类的短视频是非常常见的。很多美妆达人都会拍摄一些讲述如何去化妆和哪些化妆品比较好用的短视频。但类似的短视频制作多了，用户会产生审美疲劳，即使是火爆的项目，创作者也不会占有任何优势。这个时候，创作者就需要另辟蹊径，找到一个新的创作短视频的角度，制作一些有趣的内容来吸引粉丝的兴趣。

前段时间，化妆只画半张脸，与原来的相貌形成鲜明对比的短视频非常火爆。在化妆的过程中，创造者会模仿各种名人、明星或者电视剧、动漫中角色的妆容。比如，玛丽莲·梦露、戴安娜王妃、杨贵妃、武则天等。

创作者会先向用户展示没有化妆的模样，然后将半边脸挡起来，向用户展示化妆的过程，最后两边脸形成明显的对比。这样的视频效果比起单纯的化妆教程更有创意，内容也更加具有趣味性，很容易引起用户的猎奇心理，从而引起关注。

办公室美食创作——脑洞大开

"民以食为天"，与美食有关的话题，无论什么时候都不会过时。在直播盛行之时，很多人都去直播吃美食。比如，密子君、大胃王mini、小猪猪特能吃等。短视频盛行之后，很多美食达人都转战短视频。但是，当美食吃播视频越来越多之后，用户更喜欢关注那些已经小有名气的达人。创作者想要在短视频海洋中崭露头角，就必须开动脑筋，想出不一样的创意，引起用户的兴趣。

利用办公室的各种道具如饮水机、空调、留声机等制作美食，这种脑洞大开的短视频出自一个名为"办公室小野"的账号。这个账号经常会发布一些和美食相关的短视频，视频的主角是一名叫做小野的女孩，在办公现场利用办公室道具，制作和品尝美食。比如，饮水机煮火锅、留声机烤肉、电热水壶涮串串、空调烤肉串等。从短视频中，可以看出小野是一个非常有想法、心灵手巧的女孩，每个短视频都能够给观众带来惊喜，在新潮有趣的同时，利用办公室原有的道具，不仅节省了成本，同时还给枯燥的办公室生活增添了乐趣。

除了这种脑洞大开的美食制作，还有一些短视频达人本身爱好制作美食，于是创作一些美食制作教程，教人们一些在家轻松做出美味食物的小窍门。或者有的人另辟蹊径，远离喧嚣的城市，回到悠然闲适的乡村，制作原汁原味的美食或者亲手制作一些充满古风的物品。如今生活节奏加快，很多人都处于焦虑之中，虽然他们不能够亲身体验这种闲适的生活，但是观看这样的短视频，能够满足他们内心对这种生活的需求和渴望，进而成为创作者的忠实粉丝。

虽然都是美食类的视频，但短视频的玩法其实有很多，从不同的角度去思考，就能发现新的玩法。比如，你喜欢小动物又擅长手工，可以做一些生肖视频或者搭建动物园微景观的短视频，或者在创作视频的时候巧妙地运用色彩，让画面变得唯美明亮，带来超乎想象的视觉享受，让用户一看到视频就能感受到一种精神治愈。只要你的想法新颖并且具有可行性，那就不要犹豫，去执行它吧。

寓教于乐——高端搞笑

搞笑类的短视频是最常见的短视频之一，因为观看搞笑类的视频可以让人们的大脑在欢乐中放松。但是，再搞笑的事情看的次数多了也容易麻木。单纯地搞笑，对于用户而言没有任何意义。如果你想要创作搞笑类的视频，盲目跟风是根本无法获得用户关注的。

现在制作搞笑的短视频不应仅仅为了娱乐众人，而应在观众笑过之后，使其仔细品味一番其中的道理。创作者将道理与搞笑的剧情结合在一起，情节饱满，寓教于乐。比如，郑云工作室出品的短视频都属于此类，他们或是从正面或是从反面提出一些当下人们比较认同的道理和价值观，获得了大量粉丝的关注。很多搞笑类的短视频都逐渐趋向于娱乐化、情景化，而不仅是单纯搞笑的段子，这也是创作者向用户传播知识时的一种更容易被接受的传播方式。

除此之外，搞笑短视频达人还会巧妙地借用热点。比如，前段时间《中国有嘻哈》综艺节目非常火，有人在短视频中模拟现实中大多数人学习BBox的场景，并且还将老师和学生的画面剪辑在一起，利用表情包、肢体动作和表情来演绎各种心理，将现实中真实的场景幽默化，给用户营造一种"似曾相识"的熟悉感，收获了很多的流量。

拍摄这样的视频，对于创作者而言最重要的就是能够掌握热点动态，能够及时借势，并且能够了解掌握用户的心理需求，在短视频中体现并满足他们。

短视频的内容创新对于创作者而言非常重要，如果你总是塞给用户一些陈词滥调，用户失望之余会拒绝接受。互联网的发展，让短视频的种类越来越丰富，在既有的玩法上，创作者要更加注重细节元素，也许在策划内容的时候，仅仅改变一个小小的细节，就可能让你的短视频获得一个新的发展方向。现在正是短视频内容创作的新风口，创作者只要抓住机遇就能收获红利。

3. 设计：掌握五大要素，强势植入个人标签

短视频的个人标签也被称为slogan，即点击短视频应用后出现的那句话，这是创作者的标志，也是他的魅力和个人品牌。很多用户可能一想到这句话，就会想到这位创作者。可以说，个人标签是短视频创作的第二要素，它可以让视频变得更加独特、唯一和与众不同。

创作者在策划短视频的时候，一定要想办法为自己设定一个"点"，并且将它固定下来。这个"点"要充满个人特色，同时还要不断地强化

它，让其成为创作者独特的个人标签，最终成为短视频内容中如影随形的一部分。

相对于静态的图文，短视频更容易进行个性化表达。一旦短视频被贴上了某种标签，就可以慢慢渗透到用户对事物的认知中。甚至，创作者可以在标签中明确地表达出本期短视频的主题，吸引用户的关注。当有了明确的标签之后，短视频的内容和商业挖掘也会顺着这个标签展开。创作个人标签时，创作者要遵循以下五方面原则。

第一，简单、易懂、易记。

1. 包含个人信息

在个人标签中最好包括你的姓名或者产品名称，让用户一听或看到这个标签就知道你是谁。比如，脑白金的slogan就非常经典："今年过节不收礼，收礼只收脑白金。"当人们听到这句话的时候，不管有没有在看电视，脑海中都会第一时间浮现脑白金的广告画面。这个道理同样适用于短视频。在视频开头，创作者可以用一句简短、包含个人信息的话介绍一下自己。比如，在"子子减肥记"的视频中，每个视频的开头，子子都会说一句："大家好，我是热爱美食、热爱运动的子子。"如图4-1所示。虽然简单，但是包含了明显的个人信息，可在多个视频后加深观众印象。

图 4-1

2. 巧用修辞

在创作个人标签的时候，利用修辞手法可以变得更加生动形象。常用的修辞手法包括比喻、排比、对偶、夸张等。适当的修辞手法可以引起用户的好奇心，或者产生共鸣。举一个比较经典的例子，联想的 slogan 为："人类失去联想，世界将会怎样！"这句 slogan 运用了夸张的手法，将联想与世界联系起来，让联想的形象瞬间变得高大上起来。

3. 与众不同

如果创作者一味地模仿别人的 slogan，就会让自己的视频泯然众人。在设计 slogan 的时候，既要轻松好记，又要有个性。比如，苹果的 slogan："Think different."看起来很简单，但是却直指人心，让人看一眼就再也忘不掉。

第二，与自己的领域有关。

在设计 slogan 时创作者要注意，一定要与自己专注的视频领域结合起来。举一个例子，身为美食短视频创作者的黄小哥，每次在视频开头都会说："大家好，我是今天的主厨黄小哥。"如图 4-2 所示，既明确地点出了短视频的主题，又简单明了，非常清晰地在 slogan 中告诉用户视频是什么领域的。所以，不要为了追求高大上而设定一些似是而非的话，或者和主题无关的话，这样只会引起用户对视频的排斥心理。

图 4-2

第三，在个人标签中说明用户利益。

有时候，表明利益是吸引用户关注的最有效手段。创作者在设计个人标签时，明确地向用户表示，只要按照我说的做就能够解决问题，通常情况下用户会点击观看视频，并且积极参与互动。

比如，有的宝妈经常因孩子不好好吃饭而烦恼，如果你创作的视频恰好与这个领域相关，那么就可以将个人标签设计为："跟我学妙招，让宝宝爱上吃饭。"观众一听到这句话，就能够明白这个视频是解决宝宝吃饭问题的，肯定有兴趣想要了解视频给出的答案是什么。这样就能够成功地引起用户的好奇心，让视频获得更多关注。如果你的视频切实地解决了用户的问题，可能还会吸引其成为自己的忠实粉丝。

第四，不随意更改个人标签。

对于短视频而言，个人标签就像是一个人的标记一样，能够向别人展示你是怎样的一个人。如果随意更换，并且关键信息还不一样，那么只会模糊用户对创作者的记忆。比如，今天你的个人标签为"大家好，我是美食专家刘小厨"，明天你的个人标签又变成了"大家好，我是美妆达人刘小美"，后天在创作视频的时候，你的个人标签又没了……这样的多变，根本无法让粉丝对你形成深刻记忆，你的粉丝留存率将会很低。纵观所有的短视频，只要视频中有个人标签的，几乎从来都不会换，始终保持如一。

第五，除了以上四点之外，短视频创作者在设计个人标签时，还要注意下面几点。

（1）不要抄袭别人的个人标签，因为别人的特色终究不是你的。

（2）用词简单，不要太深奥，如果用户都不懂你的个人标签表达的意思是什么，这将会对接下来的视频内容产生怀疑。

（3）不要跨领域，具有鲜明个人特色的短视频个人标签会让创作者的形象更加生动，易于辨认。尤其是现在的短视频量产非常大，如果不强化自己的特色，那么你创作的短视频很容易淹没于短视频的海洋中。个人标签会让你的短视频逐渐形成品牌，对粉丝更有影响力。

在短视频中强势植入个人标签，给用户留下深刻的印象，即使对方暂时还没有成为你的粉丝，当看到你的作品时，也会在"熟悉感"的作用下点击观看。长此以往，用户自然而然就会转为粉丝。

第5课
短视频引流推广的6个思路

1. 内容引流：垂直细分，打造核心竞争力
2. 平台引流：利用好平台的短视频矩阵
3. 渠道引流：多方推广轻松获取大批粉丝
4. 线下引流：传播稳定，收获大批精准用户
5. 福利引流：优惠活动推送，提高用户转化率
6. 广告引流：各大自媒体的平台穿插广告

1 内容引流：垂直细分，打造核心竞争力

近两年，短视频如一场龙卷风席卷了整个互联网，各个短视频平台乘着这场风吸引了大量的流量，而在大流量的涌动下，上至企业、电商，下至个人，都想分这块蛋糕。然而，短视频运营者都在面对同一个问题："什么样的内容才能吸引流量，维系粉丝？"而且个人运营和团队、企业运营都有所不同，个人运营需要突出自己的特色，团队运营需要融入自己的品牌，而这些体现在内容上，就是要垂直细分，打造核心竞争力。

垂直细分，就是指短视频内容要有固定的类型、领域、模式等。比如选定做情感类短视频，就要坚持做这一种类型，不能改成美食类、搞笑类等。确定了短视频类型之后，就要确定其他相关要素，并保证这些要素都与短视频内容有关。比如用户昵称，它就是自己视频的一面招牌，如"情感语录"等，如图5-1所示，这些昵称就代表了视频里的人物、形象、主题等。

图 5-1

垂直内容代表着背后的一切都是垂直的，大到电商、市场、消费者，小到产品。比如，短视频内容是萌宠，产品可以是狗粮等，用户必然是喜欢宠物的人。而这些喜欢宠物的人在视频中能够找到乐趣，有了萌宠这个"亮点"，用户才会去关注运营号，如果运营号改变视频内容，变成了美妆，粉丝必然会取消关注。有一个个人运营号，刚开始运营短视频时，出现了一种反常情况，有两三条短视频的点赞数是几十万，播放量甚至也上千万次了，但是其他短视频的点赞量只有几千，后来有用户建议他专一做一种内容，他照做之后，播放量就基本持平了。这就是说，视频内容决定了用户类型，用户类型又反过来决定了视频内容的垂直性。

互联网发展以后，传统媒体走向衰亡的原因就是其用户是被动接收信息的，而在互联网中，用户是主动接收信息的，直接且快速。短视频要做到垂直细分，就是考虑到了用户的这个特点，如果随意改变视频内容，那就是让用户被动接收信息。用户对信息的选择权大大提升，就会坚持关注自己喜欢的领域，这时具有垂直度的短视频必然会吸引大量的流量。

垂直细分是运营者的基本功，新手可以从以下三方面考虑如何打造属于自己的垂直领域：兴趣爱好、专业强项、身份。具体来说，有人喜欢旅游，就可以做旅游类视频；有人吐槽能力很高，就可以做搞笑段子类视频；有人刚成为妈妈，就可以做育儿类短视频。

但是仅仅有了垂直度还不够，因为同类视频太多了，这些同类视频如果内容相似，甚至昵称相同、风格一致，用户就不能判断出谁优谁劣，这样也不能成功引流，所以内容还要精细化，与同类视频要有差异。这里的差异主要体现在以下五个方面，一是内容的独特性；用具有创新性的内容建立壁垒，比如同是英语口语的短视频，一个运营者做的是爱情、情感类的内容，另一个运营者做的是日常交际用语，两者明显不同，用户自然会根据自己的喜好来关注其中一个。二是人设的独特性；具有亮点的人设非常吸引用户关注，那些有颜值的主播就是例子；另外，一些具有创作能力的运营者会创造自己的人物，比如"一禅小和尚"，如图5-2所示，里面的动漫人物具有非常强的原创性，自然会把同类视频甩在后面。

三是体系的独特性；这里的体系在知识技能类短视频中表现尤为突出，比如书法类短视频运营号非常多，他们的教学体系五花八门，有笔画教学体系、形近字教学体系、字形误区教学体系等。四是场景的独特性；有些短视频里的场景是旅游胜地，或者是有情怀的村落、学校等场景。五是后期制作的独特性，有些短视频具有自己的剪辑风格，有些封面具有自己的风格。

图 5-2

在流量时代，用户如一阵风，来得快去得也快，想要用内容引流，垂直是基础，细分是关键，只有让用户看完一个视频感觉不过瘾，还想接着看下面同类型的，才能保证核心竞争力。总之，如果你做的是篮球运动短视频，用户看了一个接着又看一个，这样就能形成一股龙卷风，而如果用户看了两三个视频之后忽然发现后面是乒乓球运动，那么势必风过无痕。

2. 平台引流：利用好平台的短视频矩阵

短视频具有垂直性的内容还不够，毕竟有些内容大众化，有些内容小众化；小众化内容的粉丝不多，运营成本与变现不成正比，大众化的内容虽然不愁变现，但是怎样深度挖掘自身潜力就是问题。针对这种问题，一些电商、企业、团队想出了部署矩阵的方式，在各个领域中大量吸引流量。

什么是短视频矩阵？其实很简单，矩阵可以看成是由一个个相同的点组成的矩形，而短视频运营者建了很多个运营号，这些运营号就如同一个一个的点一样，不同的是，这些运营号制作的内容不一样，有的专做情感，有的专做母婴，有的还会做科普。

短视频运营者部署短视频矩阵有一个出发点是自身拥有很多功能，而一种短视频只能发挥自己的一两种功能，其他功能得不到利用，而短视频矩阵就能让各种功能得到较大发挥。比如有家旅游公司，旗下的短视频账号主要有三个，第一个主要做旅行攻略，囊括各大旅游名胜，会按地域播出视频特辑，外部链接是各种当地特色产品；第二个主要做导购，引领消费；第三个主要做生活类短视频。这三个账号基本覆盖了企业的所有业务，而在这三个账号以外，该公司还有一些小号。员工也会关注这三个大号，积极推动企业短视频的转发，这就形成了大规模的矩阵模式。

短视频矩阵的特点主要表现在以下几方面：第一是矩阵中的每个账号都有清晰的定位，内容垂直不交叉，有的具有带货属性，有的预留广告位，变现方式也不尽相同；第二是视频形式上不会让人发现出自同一个运营者，比如视频封面各有特色，但同一账号中的封面风格一致；第三是视频中的人物一般不会雷同，比如有个运营者旗下有几个账号，其中两个都是动漫，一个动漫的主人公是两只兔子，内容属于情感类，另一个动漫的主人公是布偶熊，内容属于搞笑类；第四是各个账号之间会互相点赞、关注、评论、转发，用户在有需求的情况下就会关注这些账号，这样可以将粉丝聚集起来，让其成为运营者的忠实粉丝。

有些运营商在做短视频矩阵时，还会将内容进行更精细的划分，这里的代表是"蘑菇街"。"蘑菇街"是专门做时尚美妆类的网站，旗下的账号有"蘑菇街""蘑菇化妆师""蘑菇搭配师""菇菇来了""菇菇街拍"等，在其类型本已很垂直的基础上又进行了细分，用户人群更具有针对性；比如"蘑菇街"是这个矩阵中的领头羊，内容比较丰富，包括了女生穿搭、化妆等各个领域，如图 5-3 所示，而"蘑菇化妆师"是专门做化妆发型技巧内容的，如图 5-4 所示。这些账号的粉丝数量或多或少，运营者会根据粉丝数等数据做出相应的决策。

图 5-3

正由于短视频矩阵可以稳定自己的粉丝群体，越来越多的人想挤进矩阵之中，但是由于没有经验，会出现很多问题。比如，有人以为短视频矩阵就是多建几个账号，多起几个昵称，而短视频内容极其相似，甚至相互照搬。再如，有一些时尚类短视频，账号很多，这几个账号里可以见到相同的短视频，因为平台是有推荐和查重机制的，如果发现某条短视频发布过多，就会减少推荐，或者认为你有抄袭嫌疑，严重的甚至会封号。还有一个误区是各个账号之间不断地互相点赞、关注、评论、转发，企业运营号之所以建很多小号，就是用来为大号点赞的，大号之间不会刻意点赞，因为平台也有防止刷赞行为的监测机制，一旦认定有刷赞、刷评论的不良行为，就会降低账号推荐量。

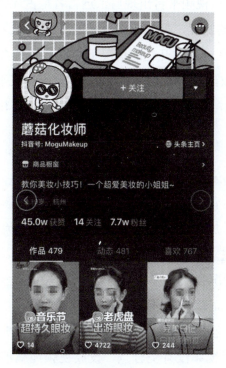

图 5-4

短视频矩阵非常适合企业，但不是说个人就不能做，哪怕是在资金不充裕、精力有限的情况下，个人在单一平台上做短视频矩阵也是可以的，因为在单一的平台上可以有效把握平台规则、用户画像，运营起来非常有效率。

多账号运营也需要调研分析，不是任何内容都可以做，最重要的前提是自己有没有这方面的能力和精力；其次要分析用户喜好、需求等，分析有没有必要做短视频矩阵，如果某一方面的用户太少，那就干脆不做。

3. 渠道引流：多方推广轻松获取大批粉丝

短视频矩阵除了有在单一平台上的多账号运营方式外，还有多渠道运营方式。在火爆的短视频平台出现后，运营者抢占先机，在平台里"遍地掘井"，以1厘米的宽度，掘到了1万米的深度，深深地尝到了用户"水资源"，而在各个平台遍地开花的情况下，运营者是否会不懈地追求，是决定能否继续赚取红利的关键。所以不少运营者在平台引流的基础上，还会利用渠道引流，在以内容圈粉之后，再以渠道圈粉。

视频渠道

视频渠道包括爱奇艺、优酷等常见的视频网站，也包括不同的短视频平台。多渠道运营的好处就是通过不同平台扩大影响力，在大范围内吸引粉丝，进而增加流量，提高变现基数。渠道引流的具体操作方式就是在多个平台上建立账号，可以是一个账号，也可以是多个账号，根据各个平台的具体情况发布短视频。但是，渠道引流是需要资金和人力的，所以在渠道引流方面做得好的往往是一些大公司。

类似于多账号运营，多渠道运营也要调研分析用户需求，如果该平台的用户与自己的短视频没有契合点，投放视频纯属浪费精力，那么不如放弃。针对目标用户，多账号运营是根据其不同的需求做不同的垂直性内容，而多渠道运营既要吸引相同类型的用户，也要吸引目标周边的用户。例如，某运营者在"抖音"上发布美妆视频，用来吸引爱美的年轻女性；在"日日煮"平台上发布美食视频，用来吸引爱好做菜的年轻女性。这样通过不同的平台扩大用户范围，再通过平台之间的互推，就将用户牢牢地吸引在了自己的旗下。

第 5 课
短视频引流推广的 6 个思路

微信等社交渠道

多平台运营的出发点是不同的用户喜好不同的平台,而且大城市里的用户使用短视频平台居多,小城市和村镇里的人很少会了解这些平台,所以多平台运营也不限于短视频平台。调查显示,微信等聊天软件的用户基数非常庞大,而且用户年龄不像短视频平台那样有严重的倾向,特别是家里有子女的父母几乎都会安装微信等软件,他们是巨大的盈利风口,所以多渠道运营也要在微信上主动占位,如图 5-5 所示。

图 5-5

类似于微信的应用有很多,用户数量庞大,所以在这些平台上运营的目的主要是吸引新人,可以在公众号上发布主流短视频平台上的视频,利用聊天软件极强的分享功能,促使用户转发,以实现品牌传播。基于微信还有群聊的功能,可以让粉丝建群,在群里发布短视频,提高粉丝的互动,从而提高用户黏性。微信用户转发的短视频具有鲜明的特点,这些短视频要么是稀奇的事,要么是朋友间有共同喜好的内容,并不具有垂直性，因为这和微信的聊天功能相关，这些短视频能够促进话题的进行，因此，在微信里面发布的短视频也应符合聊天工具的传播规律。还有一点，微信用户中的中年人、老年人大多害怕受骗，不会为短视频内容买单，但他们是短视频平台还未充分挖掘的富矿，就像微信起初也只有年轻人用，后来他们的父母才跟着涌了进来，所以短视频平台如果找到适合中年人的内容，就完全可以挖到金矿。

浏览器等推荐渠道

除了社交平台，资讯平台、浏览器客户端也可以引流，这些渠道很适合新手，因为刚开始运营时，知名度不高，这些平台的推荐机制可以带来一些用户；当然，成熟的运营者也可以利用这些渠道，只是要考虑这些平台的用户画像。比如"今日头条"的用户中有很大一部分是30～40岁的中年人，在这个渠道上发布相关视频就会大大提高产品曝光率。

淘宝等购物渠道

淘宝等购物平台也可以投放短视频，这些平台只适合商品类短视频，其他类型的短视频如果不带货，就没有必要发布在这些平台上面。不过，根据短视频的发展趋势来看，淘宝等购物平台也可能会大力推广短视频，所以运营者需要跟踪这些渠道的进展，以备在这些渠道发生变化时及时加入。

安全软件等渠道

在短视频浪潮的冲击下，各类平台都想分一杯羹，它们都不想专注于一项功能了。有些安全软件就推出了一些新功能，包括为用户推荐短视频，虽然目前用户还没有适应，但只要吸引眼球，就会点击观看，所以这些渠道适合投放一些新奇的视频。

由此可见，多渠道运营要根据自己的目的选择渠道，如果只是想提高短视频的知名度、播放量，那么几乎每个渠道都可以发布；如果是想吸引目标用户，就要有选择性，该放弃的就要放弃。比如，运营者想提高知识付费产品的销量，就没必要在"美拍"上面运营。而且，在多渠道运营时，要考虑不同渠道的不同特点，有些渠道很重视情怀，有些渠道很重视互动，有些渠道很重视知识，所以要针对渠道不同的特点做出不同的应对措施。

4. 线下引流：传播稳定，收获大批精准用户

在互联网购物刚刚起步发展的那段时间里，很多实体店都感觉到了网络的巨大冲击，但只能眼看着自己的市场被挤占得所剩无几。然而，世上没有不好做的买卖，只有没头脑的生意人，很多人将网络当作推广产品的渠道之后，生意便又有了转机，而随着时代发展，本来是推广的渠道却变成了主流渠道，实体店反而变成了引流的渠道。

不跟随潮流的人肯定会被潮流淹没。短视频毕竟只能在网络上传播，网上的传播渠道再多，也无法"一网打尽"所有用户，那些"漏网之鱼"除了中年人、老年人之外，也不乏年轻人。这些年轻人或者工作太忙，或者不喜欢接触新事物，也或许有别的原因，始终游离于网络之外，针对这些人，就要采取线下引流的措施。

线下引流，包括传单、站牌广告、地铁广告、体验店等形式，如图5-6所示。这些形式往往是大公司吸引用户的手段，效果也不明显，特别是图文广告的形式，越来越没有吸引力。所以线下引流该如何操作成了运营者不得不认真考虑的事情。

有些创业者或个人运营者首先想到了不错的引流方式，他们借力小商家，与其合作打开了局面。比如，某个旅游视频运营者在食堂里吃饭时发现，这个食堂的餐桌很容易脏，服务员打扫起来很费劲，由此他灵机一动，和食堂经理谈起了合作。他提出食堂餐桌可以贴上易清洁的塑料纸，这些纸可以由他来提供，并给定期更换，只是这些纸上要呈现出自己的广告，食堂经理感觉这对自己有利，于是同意了。后来，来食堂就餐的人发现桌面上有了广告，广告非常吸引人，扫广告上的二维码后感

觉内容也不错，就这样吸引了大量的用户。

图5-6

由这个案例可以看出，线下引流可以和店铺合作。首先，只要店铺的业务和自己的内容没有冲突，并会给店铺经营人员带来一定的利益，店铺经营人员肯定会乐意帮助引流。其次，和店铺合作也需要定位用户，根据用户选择引流的店铺。比如用户是年轻白领女性，自己的产品是美妆，这时和小饭馆合作效果就不好，因为年轻白领女性一般不会随便找个饭馆吃饭。而产品如果是奶茶，就可以选择和美容店合作，让进店的顾客免费品尝奶茶。美容店经营者会认为这是拉拢顾客的手段，而且还可以赚到红利，肯定会让你推广，而做美容的顾客在等待的过程中为了消磨时光，并认为这是美容店的活动，大都不会拒绝。最后，就是要推广短视频，收获用户了，可以让用户观看自己创作的短视频，只要他们认可，自然就会关注。

但是线下引流也会耗费大量的精力，所以线下引流关键期只有几天时间，剩下的时间就要让代理去做了。这些代理可以是店主、店员等，只要分给他们一些红利，让他们帮忙推荐自己的短视频，他们一定会做。比如某个经营者看到理发店里有几台小型移动电视，平时都播放一些无关的广告，等待理发的人无聊了会看几眼打发时间，他就和理发店人员提议，让他们播放自己的短视频，自己会相应给予他们一些红利。就这样，他根本不需要自己推广，就收获了很多用户。

小商店毕竟分散，收获的用户只能限于小范围内，要想大规模地吸引用户，还是要在会展等大场合中。主动开办会展的一般只有大公司，他们的会展高端，富有现代感、科技感，人们都会被亮丽、豪华的空间设计所吸引，会展中还有免费体验活动等，可以获取大批精准用户。小团队和个人运营者虽然不能举办大型会展，但是可以借势推广。比如有家公司在做VR体验推广活动，短视频运营者发现进去体验的人寥寥无几，而这家VR体验馆租借的场地非常大，他推测他们一定在赔钱，他就前去和他们谈合作，希望在体验馆的门口推广自己的游戏短视频，并帮助VR体验馆招揽顾客，同时给予VR体验馆一定的红利。VR体验馆的经理正在思考怎么止损，听到对方有合作的意愿，而且可以为自己吸引更多顾客，立即答应了下来。短视频运营者的视频非常吸引人，有很多在体验馆前逗留的顾客都被吸引了过来，而路过的人们看到这里很热闹，出于跟风心理，也凑了过来，其中有不少人被短视频调动起体验VR的热情，便进入了体验馆。

由以上案例我们发现，在市场日新月异的今天，普通引流手段已起不到什么作用了，线下引流必须有足够的创新思维，这样才能收获精准用户。

5. 福利引流：优惠活动推送，提高用户转化率

在微信公众号上，我们经常可以看到公众号为了推广引流送出一些福利。福利有小礼品、个性签名、资源、课程等，对在某一方面有需要的人来说这些福利是非常有吸引力的，这些人想要得到福利，就要评论、转发、请他人关注等。一次活动下来，公众号会收获成千上万的粉丝。

到了短视频时代，福利引流也被看成涨粉、变现的重要手段。比如，淘宝里的短视频中经常有发红包、抽奖等福利，这些福利要求用户在观

看一定时长之后才能领取；而且淘宝在重要的营销日中会举行活动，用户要积攒淘宝指定的活动道具，而有的道具必须到淘宝短视频中获取。这就起到了推动用户关注视频的作用，而用户获得的红包只有购物时才能用，因此极大地促进了用户消费，如图5-7所示。

图 5-7

红包福利

有些平台借助红包拉拢用户，比如关注之后有礼物、红包，这些福利都会激发用户参与的热情，促使用户转发、刷屏，掀起一波又一波关注热潮。但是短视频采用这种方式不是很可靠，因为用户关注很容易，取消关注也很容易，有些用户得到礼物后就立马取消关注或者退出观看，这对涨粉率和转化率都是有很大的负面影响的。有些平台的推荐机制会根据掉粉率限制推荐，这对短视频来说是致命打击，所以短视频很少会用这种转化形式。

抽奖福利

用户都会有一种对福利的向往之情,这是出于用户对利益的本能诉求,偶尔一两次福利会让用户感觉有便宜可占,所以平台上面的福利活动会让用户不停地刷视频,并在利益的驱使下转发、分享。基于用户的这个特点,有的平台研究出新的福利形式,抛弃了原来的全民红包形式,代替为抽奖活动,因为红包对所有用户都有吸引力,用户为了得到红包,就会关注自己不喜欢的短视频,在得到红包后再取消关注。而采用抽奖形式,只有奖品对用户有吸引力时,用户才会关注,这就解决了用户针对性的问题。这些平台的具体操作是将短视频运营者的商品放在首页,并进行图片轮播,用户在看到自己喜欢的商品后就会点击观看短视频,观看完视频后才可以抽奖,这样就提高了用户的参与度。

虽然抽奖活动不是新鲜的引流策略,但是短视频的抽奖活动具有以下新潮的特点:第一,奖品图展现在用户面前,并进行轮播,用户可以更加直观地选择自己喜欢的奖品;第二,奖品的信息包括奖品的名称、各种参数等详情,用户可以了解产品信息;第三,奖品可以反映视频内容,从而节省用户时间;第四,抽奖形式不再是观看视频领取奖券,而是需要用户点赞、转发,用户会为了心仪的奖品而深度参与活动;第五,奖品会附带购买链接,用户在充满热情的状态下,会快速购买,从而提高成交率。这种福利引流的模式可以让短视频运营者降低运营成本,获得较大的关注度,从而高效引流,而用户只需要付出时间成本就会有机会得奖。

其他福利

除此之外,短视频运营者还会有一些其他的福利引流方法。比如某个运营者做的是书法类短视频,他在微信公众号上经常发布一些福利活动,让用户为他点赞、转发,他根据用户表现送给用户字帖、钢笔等礼物。还有的运营者是做知识付费产品的,他会根据用户的转发量发给用户知识产品，但不会一次性发完。比如 PS 视频课程，他会根据用户转发量先发给用户几节课，等到用户的转发量等其他指标增加至一定数目后，再发给用户几节课程，从而保持一直在调动用户的积极性。但是电子产品不像实物产品那样不可分享，用户得到电子奖品后分享给他人，就会给运营者带来无形的损失，所以某些运营者想到了在电子奖品中加入时间限制，电子奖品过了期限就会自动失效，或者运营者限定奖品不可分享给他人，这些技术都给福利引流带来了保障。

随着短视频日渐成为人们获取信息的主要渠道，人们在短视频平台上消费也将成为主要消费方式，所以短视频福利引流是为日后进一步发展奠定基础的，运营者切不可忽视这种引流方式。随着技术的发展，人们肯定也会想到更多的福利引流方式，而且如何以最低的成本达到最高的效果是其中的关键。

6. 广告引流：各大自媒体的平台穿插广告

短视频运营者也需要用广告吸引用户，特别是在短视频刚刚兴起的时候，运营者会将短视频的广告投放到微信、微博等社交平台上，利用这些平台用户流量大、传播性强的特点扩大自己短视频的影响力；也有些运营者会将短视频进行包装之后投放到传统视频平台。比如腾讯视频、爱奇艺等，以片前广告的形式出现。当然，浏览器作为广告的集中地，自然也少不了短视频广告。

微信、微博等社交平台广告

微信、QQ 是短视频最早打广告的阵地。比如"陈翔六点半"最早是凭借 QQ 空间里的广告让很多人知晓的。这些社交平台是人们社交活动的集散地，人们为了了解彼此，经常刷 QQ 空间、朋友圈，广告商也看准了这块风水宝地，强势插入广告。等到微信公众号火爆的时候，有些运营者也看到了推广的良机，在自己的公众号还没有为大众熟知的时候，借助比较火的公众号打起了广告。这些广告可以放在公众号文章尾部，如图 5-8 所示，可以插入公众号文章中间位置，也有的广告就是一篇文章。这些平台上广告的作用不只是传播，有些微信文章的阅读量上百万了，但是内容就是一篇广告，很多人看过之后还会收藏、转发，我们发现，这些广告不是简单的广告，它们的套路很多，会让用户看完之后大呼精彩。

图 5-8

这些广告常使用一种套路，标题中看不到广告的信息，而是用户感兴趣的内容，而且文章的前半部分都是在极力描述用户感兴趣的话题，但是后面会忽然转移话题，落到广告上。用户在看前面的部分时已感到很尽兴，忽然看到广告，心里会咯噔一下，但是这种心理落差会让他们感到很开心，这就是自媒体时代的神来之笔。有些短视频运营者抓住了公众号火爆的节点，利用这样的广告吸引了不少用户。

爱奇艺等视频平台广告

有些短视频运营者会和爱奇艺、优酷等视频平台合作，在视频开播前播放广告。但是不同于微信公众号，视频平台用户是为了观看目标视频，对片前广告很是反感，虽然这些片前广告不乏优秀作品，但很难让观众记住。所以短视频运营者和广告商采取了很多策略，比如利用颜值吸引用户，并且广告短片的主要人物和短视频的人物是同一人，广告中还要出现短视频的主要信息，这样就能较轻易地入脑入心了。

短视频自媒体广告

有些运营者建立了很多账号，不同的账号运营不同的内容，他们就会在一个短视频账号中给自己的另一个账号打广告，如图5-9所示。比如有家公司主要是做游戏的，他们为了推广开发的游戏，在主要账号上做游戏短视频，但是由于游戏知名度不够，短视频也少有人问津。后来，他们又建立了一个账号，这个账号专门做搞笑类短视频，并在视频最后由主播推荐游戏，邀请用户观看游戏视频。不少用户会抱着试玩的心态进入游戏，从而达到了自己给自己打广告的目的。

图5-9

浏览器平台广告

短视频肯定会在浏览器平台上推广引流，不过浏览器的广告很多，而用户搜索的信息也千差万别，如何吸引用户注意是在浏览器上打广告的重点。不少人会修改广告的关键词，找几个搜索量大、定位精准的关键词，特别是因为网络用语层出不穷，不少用户会搜索新出现的词语，这时把短视频广告关键词尽量贴近新生词是一个不错的策略。比如"妈宝男"一词出现后,某个搞笑类短视频将广告关键词改成"妈宝男",就拥有了可观的点击率。

浏览器还会带有弹窗,上面的内容大都是新闻或者娱乐八卦,当然也有广告位,不少用户会嫌烦,也有用户只看前几页,所以在弹窗上面做广告更需要功力,不然引流不成还会白白浪费成本。这些弹窗上面的广告有的只有标题,有的有封面,所以还是需要研究这两方面怎样吸引用户注意。

在自媒体已成为成熟的商业渠道后,怎么用广告引流成为商家重点思考的内容。自媒体时代,内容为王是吸引用户的根本,新奇、有价值才能让用户不反感,内容垂直是增加用户黏性的必然选择,根据用户画像来插入广告才能提高转化率。

第 6 课
百万点赞短视频的 9 个运营套路

1. "最无用的发明"为什么点击量过亿
2. 点赞百万的爆款短视频，标题和封面都长什么样
3. 高知网红成为新宠儿
4. 你和别人不一样的，就是卖点
5. 写实的而非"美颜"，更容易得到推荐
6. 弘扬正能量、有德有爱，更容易受老铁追捧
7. 足够简单，足够引发模仿效应
8. 原创情感的内容更易产生共鸣
9. 再好的创意，也不如稳定更新和持续输出

1. "最无用的发明"为什么点击量过亿

无用发明——手工耿

在快手短视频平台上,有一个名为"手工耿"的短视频创作达人,经常发明一些对生活没有什么用的东西。比如菜刀造型的手机壳、绝交神器脑花崩、不锈钢武器领带、雷神锤子斜挎包等,还有特意为直男发明的送给女朋友的节日礼物:一款既能涂口红又能防流氓还能装饮料的多功能锁喉铁拳套。他的发明被粉丝们称为"废品",但是他又被粉丝们称为"灵魂发明家""民间爱迪生",而且每次他发明东西的时候,围观的粉丝众多,如图 6-1 所示。

图 6-1

为什么观众这么喜欢看"废品的诞生"?正是因为耿帅的视频不仅充满了创意,而且符合粉丝正好喜爱的"土味文化"。所谓"土味文化",

它和精致、高大上的网红风格不同，这种风格的视频明显带有猎奇恶趣味倾向。这类视频达人除了"手工耿"外，比较有名的还有 GIAO 哥、陆超、雄鹰高飞、美食作家王刚等。他们的视频通常具备以下几个特点。

粗糙感

在平台上观看短视频时，我们可以发现很多创作者都喜欢开美颜、滤镜和各种特效，在观众面前展示一种精致、帅气、漂亮和高大上的自身形象。而类似耿帅这样的土味网红在拍摄短视频的时候，很少去过度地修饰自己，仅需要一部手机和支架就能够完成拍摄。在短视频中，他们的表演或许有些夸张，让人看着有些尴尬但莫名地会被其吸引。在拍摄和后期的处理上也比较粗糙，不像学院派那么讲究，灯光布景和剪辑完全凭借自己的水平，如果要用到特效，就使用拍摄软件自带的贴纸型特效。因此，他们拍摄的短视频呈现出来的画面效果带有一种让人怀念的粗糙感。

说方言

很多土味视频中的主角在说话时，都带有明显的地方口音，这就使得观众可以明显地感受到"土味"。因为方言暗含着乡土文化气息，经常会认为是落后地区的象征，所以方言也被称为"土话"。

曾经人们认为说普通话比较新潮，因而不喜欢说方言。但是，在短视频中，说方言有了另外一种意义，常常会让人们感觉到亲切和反差萌。比如，在美食作家王刚拍摄的所有视频中，每次解说的时候他都是说方言，让人听了觉得非常搞笑，说方言甚至成为其短视频的一大特色。

让人尴尬的口头禅和动作

在土味短视频中，创作者通常都会有一句口头禅或者一个尴尬的招牌动作，比如陆超经常会在视频中说："大家好，我是陆超……明天会更好，真好。"还有 GIAO 哥会以"一给我里 giaogiao"为口头禅，雄鹰高飞的招牌摸头动作等，都会略显尴尬怪异。但正是因为这样，才会让观众产生奇妙的恶趣味体验感。当然，这些口头禅和招牌动作也会让他们非常具有高辨识度，对于创作短视频而言，这是非常有利的。

自然、不刻意

土味短视频能够让观众发笑的原因，就是里面的角色可以很自然地表演出他们的"土味"。一种情况可能是因为有一些创作者反应比较慢，所以会让人发笑；另一种情况可能就是创作者利用看似一本正经实则胡说八道的方式来表演。

前一种情况可能是创作者性格中自带的，既能够给短视频制造冲突，又不会让观众觉得突兀。因为创作者在视频中表现得非常认真，让观众产生一种反差萌。

后一种一本正经地胡说八道的表演风格，非常容易产生戏剧感，比如耿帅的那些无用发明的短视频就属于这一类型，在视频中他憨厚的表现和明显不符合常理的发明所形成的反差很容易能够戳中观众的笑点。

人们的审美文化是一直在变化着的，当人们厌倦了过于精致的审美文化之后，审丑文化就会再一次出现在大众眼前，受到人们的欢迎。尤其是随着网络的发展，拍摄视频已经不再是只有专业摄影师才能做的事情，只需要一部手机，即使普通人也可以为成为视频主角。而且，展示短视频的平台也越来越多，人们需要多元化的视频种类来丰富自己的生活。

很多时候，"土味文化"都是与搞笑联系在一起的，在忙碌之余观看一些类似的视频放松自己的心情，是很多人都乐意做的事情。或者可以说，像耿帅、陆超、GIAO哥等这种短视频达人会走红，本身就意味着主流审美的迁徙升级。

从耿帅的走红，我们可以发现，富有创意的作品在任何时候都不会过时。创作短视频时，盲目跟风很难收获流量，独创出新的玩法才能够让你脱颖而出。并且，只要你的视频能够满足当下用户的心理需求，就能成为爆款视频。

2. 点赞百万的爆款短视频，标题和封面都长什么样

爆款短视频的标题和封面并不是随意设定的，而是创作者根据短视频的主题为满足用户某种心理需求而进行设定的。一个短视频，如果标题和封面都设定不好，那么它很难引起用户的关注。下面，我们举例分析一下那些爆款短视频的标题和封面究竟有什么样的特点。

爆款短视频的标题

一个好的标题是短视频的点睛之笔，它可以让用户第一时间看到。用户是否会点击短视频观看，标题起着 80% 的作用。因此，创作短视频的时候，你需要为自己的作品起一个好标题。

"你这辈子，有没有……"——悬念

如图 6-2 所示，这个短视频在抖音上已经获得了 113.5 万的点赞量、2.8 万评论和 11.4 万分享。

图 6-2

这个短视频的标题为"你这辈子，有没有毫无尊严地爱过一个人？"，在标题中提出疑问，勾起用户的好奇心，属于悬念式标题。悬念式标题充满了神秘感，能够引发用户的联想。在好奇心的驱动下，用户便会马上点击短视频观看里面的内容。这种标题通常把话说一半留一半，创作者会将答案放在短视频中，引导用户去参与互动。这样就可以提高短视频的播放完成度。

在短视频软件上最常见的悬念式标题是榜单类视频。比如"盘点年度音乐TOP10，你听过几首？""史上最帅的男演员，其中有你喜欢的吗？""童年最爱的电视剧，你看过几部？"等。类似这样的标题，都可以引起用户的好奇心。

创作悬念式标题，可以运用以下两个小技巧来加强说服力。

添加短语：这几招、这些方法、大家都在看、应该这样玩/做……

添加疑问词：如何、怎样、为什么、何必……

"永远不要高估自己……"——情感共鸣

如图6-3所示，这个短视频在抖音上已经获得了129.3万的点赞量2.7万评论和10.2万分享。

这个短视频的标题为"永远不要高估自己，在别人心里的位置……"，利用人们的同理心，从情感的角度出发，获得用户的认同。在众多短视频App中，经常能够看到类似情感独白的短视频。如果一个曾经有过这样经历的人看到这个短视频，他的心中会十分认同标题所表达出来的未尽之意，并且认为其正说出了自己的心声。在情感共鸣的驱使下，他就会点击观看短视频并且点赞。

类似这样的标题还有"你又怎么了？""自从遇见你，全部都是你""一个人的独白……"等。

通常而言，如果一个短视频的标题符合观众的价值观，或者是说到了观众的心坎里，引起他们的共鸣就能收获点赞。这一类型的标题，创作者可以从亲情、友情、爱情等角度出发，或者是从感动、暖心、悲伤等情绪入手，发掘能够引起用户共鸣的元素，将其运用到标题中。

图 6-3

"3个超实用小妙招……"——阐述价值

如图 6-4 所示，这个短视在抖音上已经获得了 212.6 万的点赞量、1.8 万评论和 16.7 万分享。

实用类型的短视频非常受用户的欢迎。很多非常方便实用的生活小技巧，用户并不知道。看到短视频之后才会恍然大悟。这一类的短视频标题，创作者必须将用户最关心的信息放进其中，在第一时间引起用户的注意力。在标题中提供对用户有价值的信息，让用户明白观看视频后他能够获得什么"收益"，引导用户去观看和点赞。

类似的短视频标题还有"学会这一招，马桶堵了也不怕""用这一招，让裤子破洞变得更好看"等。

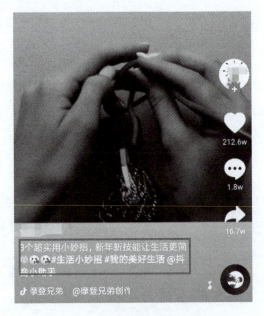

图 6-4

创作这样的短视频时，创作者可以在标题中添加"小妙招""教你一招""生活小技能"等词语，直白地告诉用户结果。

"等了老婆半天……"——直抒事实

如图 6-5 所示，这个短视频在抖音上已经获得了 70.1 万的点赞量、1.0 万评论和 465 分享。

平铺直叙地用一句话讲述一个故事来做标题，被称为叙事式标题。它可以让用户第一时间明白视频的内容是什么，引起用户的兴趣，可以降低用户对视频的理解成本，单看文字就能够知道视频表达的主旨。

类似的标题还有"送妹妹下山上学，下八百米山梯后还要走好几里""一辆'无人驾驶'的大车在路上疾驰，小伙发现后冒着生命危险跳上大车将车停住"

需要注意的是，这类型的标题对内容的描述要精准，同时，事件应为有趣、充满正能量或者是用户比较关心的，这样才能增加关注量。

图 6-5

"她的头发 20 米长,最后……"——构建场景

在好看视频 App 上,有一个标题为"她的头发 20 米长,最后却嫁给了一个理发师!"的短视频,用户点击非常高,如图 6-6 所示。标题中的"20"米,这个数字就直接给用户构建了一个具体的场景,呈现出了强烈的画面感。后半句的转折又会引发用户联想,让用户思考最后的结果是什么,从而去点击观看。

图 6-6

类似的标题还有"他将近300斤,三年的时间减掉了半个自己!""历时36个小时建好的多米诺骨牌,推倒的那一瞬间……"等。

一个好的标题可以构建场景,直白地将内容展现给用户。在创作这种类型的标题时,可以用具体的数字来表示,增强真实感。

"上亿岁的海螺……"——求赞,求关注

如图6-7所示,这个短视频在抖音上已经获得了197.5万的点赞量、2.2万评论和1.4万分享。

图6-7

在短视频的标题中,创作者先是突出了海螺的年岁,唤起用户的同情心,然后直接提出请求,利用人们的同理心获得关注。最重要的是最后的"求赞",激发用户去行动,去点赞。

类似的标题还有"光辉岁月Beyond……求赞求关注""早上喝水腹语绝技……求赞"等。

在创作这样的标题时,要注意标题中的事件应是正能量的,能够引起用户共鸣的,这样才能够取得较好的效果。

除此之外,创作标题时还要注意以下几点。

1. 字数要适中

标题的字数具体要根据渠道不同而因地制宜。比如今日头条一般为10～20个字，美拍的字数则要多一点，抖音除了特殊叙事式标题外，一般都为几个到十几个字。通常而言，字数不要太多，否则会影响用户的体验。

2. 尝试多种句式

除了陈述句之外，创作者还可以用反问、疑问、感叹等句式，增强用户的代入感。

3. 合理断句

纵观大多数短视频，三段式的标题比较常见。合理断句十分易于用户理解，而且还可以承载更多内容，创作者可以适当运用。

创作标题的时候还要注意标题应符合视频的主题，不要为了博眼球用一些与短视频内容无关、哗众取宠的标题。

爆款短视频的封面

一个好玩、有趣或者符合用户需求的短视频封面，能够让短视频脱颖而出，从而吸引更多用户点击。但是，很多创作者并不知道封面还可以设定，如果不特意设置封面，平台便会自动为你的短视频选取开头的内容为封面，毫无出彩之处。很多爆款短视频的封面都非常具有特点，让观众一看到就想点击观看并且积极参与互动。

高考感人封面——情感共鸣

在高考期间，很多与之相关的短视频的用户点击量几乎都过百万，如图6-8所示。这些短视频的封面并不华丽，只是着重突出了事实，与下面的标题遥相呼应，吸引用户点击。短视频封面紧跟热点，同时充满了正能量。比如突出了"考生大雨受阻，卡车司机急忙运送赶赴考场""交警送考生""考生与执勤父亲的拥抱"等，让用户一眼看去就能够明白短视频的主题。

图 6-8

papi 酱——夸张搞怪的表情吸引眼球

夸张搞怪的表情对于人们而言总是有种莫名的吸引力,看到这样的短视频封面,人们心中会好奇,短视频中究竟是什么内容会让她出现这样夸张的表情?被勾起好奇心的用户自然就会点击观看。所以,如果你创作的视频是搞笑类的,便可以选择在短视频中选取一个比较夸张的画面当作封面,让用户一看到就觉得非常有意思,情不自禁地点击观看。比如 papi 酱发的一些短视频,如图 6-9 所示,封面的表情都比较夸张。

图 6-9

魔力 TV 的"男女之间"——引起联想

魔力 TV 举办了一个金秒奖活动,其中一个短视频的封面引用了一部当时非常火的电视剧的女主角的画面,讨论了当下非常火的一个话题"男女之间有没有纯洁的友谊?",如图 6-10 所示。这个短视频一发布,就被大量用户点击观看,最后获得了金秒奖。人们拥有无穷的联想空间,对于那些可以引起他们联想的事物会投入大量的精力。比如,你想要做一个搞笑视频,然后封面是一个美女在那里大笑,标题配上"是什么让冷脸美女大笑不止?"就能让用户产生联想,提高用户对短视频的关注。

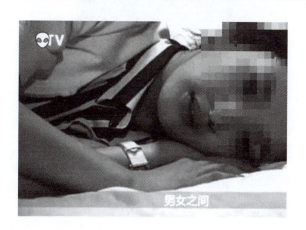

图 6-10

静不如动——动态封面

短视频的封面可以是静态的,也可以是动态的。相比于静态封面,动态封面更能够吸引用户的眼球。现在很多创作者都会将短视频的封面设置成动态的,可以展示短视频的核心内容,给用户留下一个深刻的"第一印象",引导用户在短时间内决定点击观看。

但是,很多人不知道该如何去设置动态封面,其实很简单,我们以抖音为例具体看一下。

步骤一:打开抖音,点击右下方的"我"按钮,进入页面,然后点击右上角的按钮,如图 6-11 所示。

图 6-11

步骤二：在弹出的对话框中点击"设置"按钮，如图 6-12 所示。跳转到设置页面之后，可以点击"通用设置"按钮，如图 6-13 所示。跳转之后，看页面上的动态封面是否为开启状态，如果是绿色就是开启，灰色就是未开启，点开即可，如图 6-14 所示。

图 6-12

图 6-13

图 6-14

步骤三：创作者还可以在设置页面找到"动态壁纸"按钮，将一些喜欢的动态壁纸保存在这里，如图 6-15 所示。创作短视频时，如果保存过的动态壁纸符合短视频主题就可以直接引用。

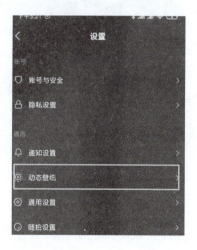
图 6-15

在制作封面时，创作者还要注意以下几个问题。

第一，封面与短视频内容相符合。比如你想要做一个美妆类的视频，不能放上一张恐怖或者搞笑的封面，完全与短视频内容无关。很多时候，用户是根据封面来决定是否要点击观看的。如果发现短视频内容与封面无关，就会产生巨大的落差和失望感，甚至从此不再关注你。所以，在创作封面的时候，一定要根据短视频内容来选取。同时，封面要清楚，不能模糊不清，主题要明确，可以让用户在看到的第一时间就清楚地了解短视频的内容是什么。

第二，利用对比突出展示效果。在创作封面的时候，可以选取优劣对比明显的画面。这样的封面非常有冲击力，可以第一时间抓住用户的眼球。

第三，设计场景让用户产生代入感。爆款短视频的封面通常可以满足用户的某种需求，设计一个具体的场景，让用户明确可以获得的信息价值。一旦用户认为短视频封面展现出来的内容符合自己的需求，他就会点击观看，如图 6-16 所示。

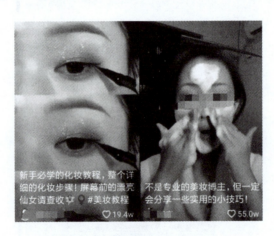

图 6-16

第四，色彩鲜明，强化视觉效果。人们总会不自觉地被鲜亮的颜色吸引，色彩鲜明的封面可以获取更多的关注。要注意的是，封面的色调风格要和短视频保持一致。同时，你要慢慢形成自己的风格，便于用户识别，形成自己的粉丝效应。

一个好标题和一个好封面相结合，只要内容有趣有意义，点击量通常都不会差。所以，在创作短视频的时候，你一定要注意封面的选取，学会运用封面创作技巧，让你的封面可以第一时间吸引用户的注意力。

3. 高知网红成为新宠儿

网红，就是走红于网络的人。随着网络的发展，在网上经常会有一些高颜值的人走红，受到人们的追捧，最早的有奶茶妹妹、南笙、黄灿灿等高颜值的美女。短视频的发展，更像是为人们提供了一个网红速成班，很多人可能因为一个短视频就成为网络红人。

在短视频的领域中，"网红"早已不是众人习惯上所认知的那些俊男靓女或者是具有争议性的人物，而是指具有某一方面特长的网络明星。他们或者靠颜值吸引用户，或者靠才艺走红网络，但是，大多都拥有一技之长。其中，"高知网红"是流量赛道上涌现出来的一批黑马，他们拥有高学历，是某一个领域的专家，他们发布的短视频内容，经常是讲解一些专业知识，因此十分受用户的欢迎。

"高知网红"的走红反映了用户对单纯的高颜值产生了审美疲劳，也反映了用户对专业性内容的需求正在形成一股潮流。对于短视频平台而言，它们迫切地需要大量的"高知网红"来填充红白的市场。这也是创作者的机遇，在市场饱和之前，及时抓住机遇，你的视频就能够成为爆款。下面，我们具体来看一下，市场上的"高知网红"短视频都有哪几种类型。

脑洞科学段子手——毕导 THU

在抖音平台上，有一个名为"毕导 THU"的创作者，他发布的视频内容通常是一些科普知识，既让人脑洞大开又非常有趣。视频的创作者是一名毕业于清华大学化工系的博士生，是人们眼中非常厉害的高材生。有一个短视频讲的是为了体验在兵马俑主题酒店住宿是什么感觉，他亲自去兵马俑主题酒店拍了一个 Vlog 短视频，如图 6-17 所示。在视频中，毕导的解说也非常有趣，他也常常称自己是一个"爱开脑洞的科学段子手"。

图 6-17

专业知识讲解——教化学的清华博士汪

在某一领域的专业人士往往会掌握一些普通人不知道的知识，当他们将这些知识制作成视频之后，发布到短视频平台上，能够极大地丰富人们的认知。当用户从短视频中学到以往不知道的知识之后，就会自觉地去关注创作者。

有一个名为"教化学的清华博士汪"的短视频创作者，是清华大学的化学博士和辅导老师，他经常会创作一些有关于利用化学反应产生神奇效果的视频，经常让用户大开眼界。比如，有一个视频是博士汪利用乙酸铅和碘化钾反应，制作出美丽的黄金雨的视频，获得了 37.7 万的点赞，如图 6-18 所示。

图 6-18

物品检测仪——老爸测评

人们在使用某种物品的时候,总是希望能够测一下看看它是否安全,尤其是人们日常吃的食物、日常使用的化妆品,还有婴幼儿使用的各种产品等。"老爸测评"这个账号应运而生,他发布的视频都是创作者亲自对某种产品的测评,并且在最后还会将测评结果告诉用户,整个过程都非常公平、透明,如图 6-19 所示。老爸评测的创作者毕业于浙江大学物

图 6-19

理系，这个身份足够让用户信服。同时他的短视频也能够给用户带来极大的安全感，因此这个账号拥有 1 120.3 万粉丝，发布的作品获得了 3 100.9 万的点赞量。

在短视频平台上，这种评测类型的短视频都拥有广大的受众，创作者可以从这个方向出发去研究。

女性安全教育——名侦探小宇

"名侦探小宇"这个账号刚推出几天，就迅速收获了 500 万的粉丝，截至 2019 年 6 月，这个账号收获了 1 139 万的粉丝，如图 6-20 所示。账号发布的视频内容都是在讲述当女孩遇到各种险境时，如何做才能够帮助自己脱离危险；或者有哪些情况会让女孩子陷入危险。创作者将视频定位在"真实犯罪新闻案例 + 场景模拟 + 剧情分析 + 主角光环"，视频的内容逻辑清晰，并且能够切实地教给女性用户有价值的信息，因此收获了大量的女性粉丝。正确的选题定位，保证了这个账号在短视频平台上的可持续发展。

图 6-20

所谓"高知网红",他们大多是某一方面的专家、学者,他们在短视频里向用户传播知识,科学的崇高性让他们拥有了大量的粉丝。除了上述四种类型外,还有学者发布卫星照片,科技人员发布实验视频等,这些都是用户很难见到的内容,由于稀奇,因此会吸引大量用户的关注。

当然,还有一些短视频是学者解读科幻作品。生活中,有很多人对科幻感到兴奋与新奇,但是他们不懂得其中深奥的原理,一些学者幽默而又接地气的解读让用户有一种拨云见日的感觉。比如,很多人看到电影中有时空隧道的镜头时,会产生向往的情绪。有位学者解读时空隧道时就幽默地讲明,时空隧道如果存在,那么它的入口一般是黑洞,而黑洞的强大引力在人们进入的一瞬间会把人拉成长达几千米的一条线,就算回到了过去,人们也无法复原了。

在科技大爆发的背景下,网络给人们的生活带来了极大的便利。但是,也正因如此,用户也变得更加容易健忘。在短视频领域,网络红人爆炸式增长,今天的网络红人也许明天就会被人们抛之脑后。即使你拥有高颜值,如果没有自己的特色,当人们审美疲劳之后也将不再关注对方了。

所以,短视频创作者如果想要将用户变成自己的忠实粉丝,在创作时,一定要融入自己的特色,沉淀自己专业领域的知识,形成独特的人格魅力。不去靠颜值吃饭,在短视频中真正地带给粉丝价值,才能够长久地让用户关注。

4. 你和别人不一样的,就是卖点

当一个短视频成为爆款之后,越来越多的模仿者就会出现。但是单纯的模仿并不能带来很多流量。原创短视频成为爆款的概率更大,原创作者可以收获大量粉丝。跟风的短视频,用户可能只是看看而已,不会去关注创作者是谁。想要收获流量,那你就要和别人不一样。即使是想要模仿爆款短视频,也要有自己的个性特点,才能让用户去关注和点赞。

小黄鸭跳舞——新的角度

"小黄鸭跳舞"的短视频火了之后,很多抖音创作者都借助这个短视频收获了大量的粉丝。但是,纵观那些比较火的小黄鸭短视频,并不是千篇一律,每一个都有自己的特色。如果创作者只是跟风发"小黄鸭"跳舞的短视频,那么能获得的流量寥寥无几。如图6-21所示,发布的是其他创作者在小黄鸭的基础上添加个人特色创作的视频。

图 6-21

很多短视频作者表明他们也想要发表原创短视频,但总是找不到思路。通过分析小黄鸭的短视频,我们可以发现,创作者主要分为两类:一类是完全没有思路的跟风者;一类是确定了相关领域的,但是不知道如何去改变的人。

从抖音的短视频分析,能够从相似短视频中脱颖而出的玩法通常有以下几种。

小黄鸭真人舞

真人扮演小黄鸭,如图6-22所示。真人穿着小黄鸭衣服跳舞。虽然将表情包换成了真人,但只是单纯地模仿,不过将小黄鸭换成萌宝,可以加深用户的印象。如果实在没有好的思路和技巧,不妨选择这种方法。

第 6 课
百万点赞短视频的 9 个运营套路

图 6-22

小黄鸭 + 表情包

表情包合拍短视频，如图 6-23 所示，真人与小黄鸭表情合拍。这种短视频是对小黄鸭的视频进行了深加工，"人物 + 表情包"合拍，看起来

图 6-23

就非常有技术含量。如果你是第一个这样拍摄的人,或许还会获得比原创视频更多的流量。至于表情包的获取,可以直接去微信表情商店里找,或者是直接去网上搜索导入到短视频平台使用即可。

小黄鸭手工教程

小黄鸭手工教程如图 6-24 所示。利用手工制作,将小黄鸭用另一种方式展示出来。这类短视频则是小黄鸭的衍生视频,如果你的手工很厉害,便可以做一个这样的短视频,或许可以重新收获一波流量。

图 6-24

各种短视频的玩法有很多,但是完全抄袭别人的创意并不可取。在创作短视频的过程中最重要的就是要找对方向,知道自己擅长什么。比如,你擅长说段子,那就拍一些喜剧搞笑的视频;你拥有一技之长,那就拍一些专业类视频;你擅长玩酷,那就拍一些酷炫类视频……总之,就是去做自己擅长的事情。

当你没有思路的时候,也可以进行创意模仿,从别人的爆款短视频中发掘新的有趣点,并将其变成带有自己特色的作品。同时,你可以通过观看电视剧、电影或者一些搞笑的段子为自己充电,去深入地借鉴,总结创新出一个新的短视频。

5. 写实的而非"美颜",更容易得到推荐

很多短视频 App 都具有美颜功能,可以根据用户需要对短视频内容进行调整,比如瘦脸瘦身、美颜、滤镜等。这样拍出来的短视频虽然显得非常好看,但却失去了真实。过于精美的短视频,在无形中拉大了创作者与用户之间的距离,没有用户愿意点击观看和参与互动,也就很难得到平台的推荐。

浏览快手 App 的时候,经常会看到平台推荐一个名为"爱吃的小羽野外美食"的创作者发布的短视频,点开她的作品就会发现很多短视频的播放量都是 10 万以上,有的短视频播放量甚至在 100 万以上。如图 6-25 所示的短视频,内容是小羽去割草时捡到了一只乌龟。这个短视频的播放量为 433.1 万。图 6-26 所示的短视频内容是小羽亲手捉鸭子然后做成美食,视频的播放量为 39 万。

图 6-25

图 6-26

　　这些短视频每个作品都是以创作者小羽为主角，拍摄的场景都是就地取材，内容平实、接地气，让用户在观看的时候觉得亲切，会下意识地点赞。你创作的短视频，用户播放、点赞和评论数量越多，获得平台推荐的可能就越大。

　　当类似的短视频成为爆款之后，模仿者就会越来越多。现在在各种短视频平台上，这种写实的短视频非常多。想要从众多短视频中脱颖而出，那就要让你的短视频充满创意，并且遵守平台的推荐规则：越写实越好。因为如果你运用了美颜拍摄短视频，也许你认为非常漂亮，但是那种不真实的感觉反而会让用户觉得有距离感。

　　总结众多短视频平台上写实风格的短视频，可以发现以下几个共有的特点。

　　第一点，制作场景要非常有特色。很多短视频的拍摄场景，都在自己的家中、小路上、湖边、野外等，这些地方既有特色又贴近生活。

第二点，食材要平价易得。在众多美食短视频中，发布者选取的食材都是生活中常见的，比如排骨、红烧肉、鱼等。有些创作者还会独辟蹊径，拍摄一些生活中已经非常少见但能引起人们童年记忆的美食。

　　第三点，发布者通常会亲手操作，现做现吃。在吃的过程中让围观的用户能最大程度体验到欢快之感。

　　第四点，发布者在拍摄短视频的时候，会刻意做一些浮夸的动作，引人发笑。发布者的最终目的不是体验食物的美好，而是让更多的用户围观吐槽，参与互动。这样才能够达到他们吸引流量的目的。

　　开启美颜功能，虽然能够让短视频变得更加唯美，但你的短视频就会泯然众人。如果你能够独辟蹊径，关闭美颜改变风格，从写实的角度出发，或许就能脱颖而出。

6. 弘扬正能量、有德有爱，更容易受老铁追捧

　　在短视频领域，具有某种意义的短视频会更受用户青睐。当人们观看到有关弘扬正能量、有德有爱等内容时，与他们内心中的价值观相重合，就会产生认同、自豪等正面情绪。然后就会积极参与到短视频互动中。

忠于职责——警察维护高考秩序

　　2019年6月9日，高考刚结束，众多短视频平台上和高考有关的视频都收获了大量的点赞，如图6-27所示，这个短视频是在抖音上发布的，内容是高考当天，武汉公安出动保护学生高考顺利进行。短短几天，短视频的点赞量就到达了120.5万。由此可见用户对于这种充满正能量短视频的接受程度之高。

　　仔细研究各种短视频App，如抖音、快手、火山、西瓜等短视频热门排行榜就可以发现，在排名前100的短视频中，弘扬正能量、爱国、

军威、社会美德等的短视频占有不少的比重，每个都能受到用户的积极响应。

图 6-27

乐于助人——司机给老人让路

抖音上有一个充满正能量的视频"司机给老太太让路"，收到的点赞量已经超过了 1 500 万，如图 6-28 所示。

图 6-28

第6课
百万点赞短视频的9个运营套路

拍摄短视频并没有很高的门槛，每个人都是自己生活的导演，都可以拍摄各种短视频上传到平台上，让更多的人看到。也许因为你是非专业人士，拍摄的视频比较趋于平庸，用户可能不会产生任何情绪。但是，如果你的作品比较粗俗，充满负能量，那么只会给用户带来负面情绪。

充满正能量的短视频，可以向人们传递正确的价值观。尤其是短视频的用户大多属于十几岁到二十几岁的年轻群体，如果一直接触负能量的信息，歪曲自己的人生价值观，会不利于身心健康发展。

有美学家说过："这个时代所需要的美，应该有助于人们去创造属于自己的有意义、有价值、有情趣的人生。"充满正能量的短视频，永远不会缺少关注。在抖音上输入关键词"正能量"，搜索出来的短视频点赞量几乎都是100万之上，如图6-29所示。

图6-29

创作者想要使自己的短视频受人欢迎，首先要找准创作的方向。用鲜活的内容去承载正确的价值，创作一些充满正能量的短视频，你才能获得关注。拍摄正能量的短视频一般可以从这几个角度入手：乐于助人、公益、救他人脱离危机、爱国、努力生活、奋发向上等。

7. 足够简单，足够引发模仿效应

短视频的种类有很多，有玩法简单的，也有玩法复杂的。但能够快速火起来的视频操作和玩法都还是比较简单的，能够快速让人模仿。正如风靡一时的首个短视频 App 小咖秀，它引发了短视频的潮流，不仅普通人爱玩，明星也爱玩。小咖秀推广能如此之快，它简单的玩法起到了至关重要的作用。小咖秀的模仿秀和对口型玩法，只需要用户根据软件提示录制视频即可。玩法门槛低，即使你不懂得拍摄视频，同样也可以创作出一款非常有趣的脱口秀。这个道理也同样适用于拍摄短视频。

王者荣耀游戏火了之后，很多有趣的网友会利用其创作一些有趣的短视频，"犀利"的操作配上搞笑的解说，可以获得大量的点赞。当第一个拍摄王者荣耀游戏的短视频火了之后，很快就有跟风者拍摄更多的类似短视频。图 6-30 是抖音上有关王者荣耀的截图。每个视频的点赞量都在 30 万以上，从而保证了有关"王者荣耀"的话题可以一直保持用户热度。如果你能够持续输出相关的视频，粉丝也会越来越多。

经济学上有一种行为叫作"羊群效应"，就是说人们都有从众和跟风心理。尤其是短视频行业的竞争非常激烈，当出现一个爆款短视频之后，很多创作者就会争相模仿，被模仿的短视频会越来越火，一直保持热度。

纵观当下比较火的短视频平台，如抖音、快手、火山、好看等，很多已成为爆款短视频，玩法都不复杂。而且当短视频成为爆款之后，很快便会有人总结出攻略。其他创作者只要参看攻略，就可以创作出类似的短视频。

图 6-30

有一些玩法比较简单的短视频，用户在观看的时候，就能够摸清楚其中的窍门。每个人都想要展示自己，于是便尝试去模仿拍摄这个短视频。或许他并不是为了获得关注，只是要享受创作成功的那种感觉。

综上，在创作短视频的时候，保持创意的同时也要将短视频的玩法变得简单起来。当你成为某一领域的短视频"领头羊"时，你就能收获大量流量。

原创情感的内容更易产生共鸣

情感共鸣，顾名思义就是要让用户观看短视频的时候有认同感、参与感，能够对短视频中发生的事情感同身受。利用情感，激发用户点赞、评论和转发。

情感类短视频可以从爱情、友情、亲情、思乡之情、爱国之情等多个角度去创作,但要注意的是,原创的情感更容易让观看者产生代入感,引起共鸣。单纯从别的地方抄袭搬运的短视频,即使里面的内容再感人,没有创作者的情感投入,也很难获得粉丝的长期关注。

爱情短片——三感故事

抖音上著名情感大号"三感故事",以创作各种优质小清新的爱情短片出名。"三感故事"没有完全照搬以往的方式,而是找到了自己的表达方式,每一个短视频都会确定一个鲜明的主题,然后以动人、简短而又真实的方式让用户感知、感悟和感动,如图 6-31 所示。

图 6-31

爱情类的题材虽然可以让人们感同身受，但是同类型的太多，虽然表演的主角不同，但是一模一样的套路已经让用户产生了审美疲劳。类似三感这种用非网红类的青春演员演绎的纯美爱情，用户在观看的时候很容易联想到自己恋爱时的纯情和甜蜜，进而去参与互动。

唯美的田园生活——李子柒

当很多人都在做美食吃播的短视频时，抖音达人李子柒却独辟蹊径，从传统美食制作的角度出发，再现复古技艺。短视频既唯美，又透着淳朴，让用户看后很容易勾起儿时的回忆，产生共鸣，如图6-32所示。

图6-32

想要让短视频打动用户的心，真诚很重要。原创内容，在本质上就比抄袭的内容抱有更多的真诚。这也是为什么同样套路的短视频，原创的总比跟风的受人欢迎。

除了注意内容原创之外，创作者还可以通过改变短视频的表达形式来创新，可以用以下三种方式。

情感短剧：也就是讲故事。首先确定鲜明的主题，然后围绕主题利用各种创作手法来展现故事的张力。

情感脱口秀：脱口秀是以某一情感话题为主线，创作与气氛相契合的主题内容。这一类型的短视频通常会表达一个清晰的正能量观点，可以搞笑或者逗萌，以引起用户的共鸣。

情感访问：访问类型的视频，设定问题时一般都是站在用户的角度，根据用户最迫切想要了解的问题量身定制的，让用户在欢乐中产生共鸣。

每个人的情感都是独一无二的，但是让人感动的事情却很容易引起人们的共鸣。因此，你在创作短视频的时候，可以拍摄自身及身边的事情，更有真实感，也更容易让用户产生共鸣。

9. 再好的创意，也不如稳定更新和持续输出

有时候，人的灵光一闪现就能想出一个非常好的创意，将其做成短视频发到平台上，短时间内就会收获大量的点赞和流量。有的人因为一次短视频火了之后，便不再动脑，不断消耗粉丝的好感；有的人灵光闪现一次就创意枯竭，就此放弃，失去了大好前景。

在抖音上，有一个名为"办公室小野"的短视频创作者，她的短视频非常有创意，是在办公室内利用各种让人意想不到的工具来创作美食。当初，小野的第一个短视频发布之后，大胆的想法让人眼前一亮，很多

人因此成为她的粉丝。在这之后，她会在一个固定的时间，规律地发表短视频。在她的主页上，可以看到更新的作品已经有202个，粉丝也有2 352.1万，如图6-33所示。

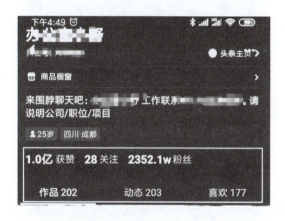

图6-33

不积跬步，无以至千里。坚持更新作品说起来简单，但是做起来却很难。很多时候，当创作者发表了一个短视频，却无人关注、点赞，他的心中就会产生失望，并且对自己是否适合创作短视频产生怀疑。接着，他便会三天打鱼两天晒网，想起来就发表一个，想不起来就算了。最后彻底放弃。

观察短视频平台那些非常火的达人，他们都会有规律地更新短视频。站在平台的角度分析，有规律地更新可以让作品获得更多的推荐；站在粉丝的角度，有规律地更新可以让他们产生期待感。

无论是在哪个短视频平台发表作品，创作者最终目的都是获取粉丝的关注。我们可以将短视频看作是一个产品，如果用户有了需求，而你不能保证持续性输出，那么可能会流失不少用户。我们可以发现，在抖音上粉丝超过百万甚至上千万的创作者，他们的作品数量都在100个以上，如图6-34～图6-36所示。

图 6-34

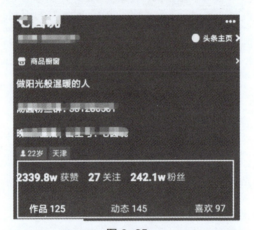

图 6-35

图 6-36

所以，即使你有了很好的创意，你的第一个视频非常火，同样也要坚持更新作品，获得更多推荐，让更多用户看到，这样才能收获更多的粉丝。如果你前期的短视频没有火，也不要轻言放弃，坚持更新，或许好运就会降临在你的身上，说不定你就会成为下一个短视频达人。

第 7 课
避开短视频运营的 5 个误区

1. 不与用户做互动
2. 运营渠道单一
3. 不持续关注渠道动态
4. 硬追热门
5. 从来不做数据分析

1. 不与用户做互动

在短视频运营中，有些人上传了短视频之后，不知道接下来将采取什么措施让自己的短视频更受欢迎，或者"守株待兔"，坐等用户观看，对于用户的评论也毫不关心或者对各种评价感到心烦意乱，还有人应付不过来太多的评论，久而久之就失去了耐心。这些都是运营中的误区，因为有些短视频发布之后，用户不能马上获取有效信息或者想到有意思的话题，他们看完之后会查看评论区，看看有没有让自己灵机一动、畅所欲言的点；也有用户在评论之后，非常想看到运营者的回复，以满足他们被尊重的需求。

刚开始做短视频运营的人如果没有采取手段，评论区的评论就会寥寥无几，如图7-1所示。因为短视频中没有亮点，也没有槽点，用户想评论，却无从下"嘴"。所以运营者需要主动引导用户评论，不能坐等短视频淹没在大潮中。比如，女生穿搭短视频发布之后，这时可以找亲朋好友在评论区留言，可以评论说这套穿搭很美，很符合女生的气质，也可以"自黑"说衣服很好看，但是与女生的气质不协调。如果衣服真的很美，用户自然会跟风评论，也会抨击"黑粉"；但如果衣服没有亮点，有些用户就会认可"自黑"的评论，也会有人出来"主持正义"，从而引起争论。

短视频刚发布时，可能会引起很多人的关注，但是它的时间效力是很短暂的，用户看上几遍也就视觉疲劳了，而且用户评论的目的很多是想和运营者交流，如果没有看到回复，热情的心也会冷淡下来。所以用户评论之后，你虽然限于精力，不可能每条都回复，但还是需要有针对地回复几条，如果有"神回复"，就会再次激起用户的热情。比如，有人发布准备考驾照科目二的短视频，有人评论说："考挂了吧？"结果收到回复是："教练挂了。"结果又引来新一轮评论。

另外，短视频可能会存在各种问题，好心的用户会指出短视频中的问题，如果运营者不查看评论区，就发现不了问题。通过查看评论区还可以了解用户的想法，然后根据用户需求来制作短视频。比如，某个餐饮短视频做的美食比较高端，用户评论说想看到家常菜的做法，运营者根据需求改进后，引来大量粉丝关注。

图 7-1

与用户互动是维护粉丝、加强用户黏性的关键。与粉丝经常性地进行互动，可以增进了解、培养感情，粉丝一旦认可了你的运营策略，感觉在与你互动时很温馨、很愉快，就会对你产生依赖。也就是说，他们会产生一种归属感，当你发布短视频后，他们出于这种归属感，还会帮你转发。而平台考察短视频的标准就是用户活跃度，所以说与用户互动必不可少。

除了以上提到的评论区互动策略，还有短视频内容互动策略，可以在短视频结束时向用户提问题，欢迎大家在评论区踊跃留言。比如，某访谈类短视频以大学生为访谈对象，在短视频结束时，向用户提问："对上大学谈恋爱你怎么看？"然后收集用户评论留言，据此拟定下一期的访谈主题。还有一种做法是在短视频中答复用户评论，对用户的评论进行赞美或调侃，某些吐槽类短视频就是这样做的，用户看到自己的评论上视频了，就会产生极大的兴奋感，觉得自己的价值被挖掘了，从而会更加踊跃发言。

有些短视频为了不断地增加新鲜话题，会鼓励用户投稿，选择优秀的来稿并与用户合作来制作短视频，每个用户都有实现自己价值的需求，一看到机会，就会摩拳擦掌、跃跃欲试。当然，对于没有采用的来稿也要有相应的措施，不能让用户感觉自己没成功的希望，因为他们一旦感觉自己失败了，对短视频也会产生冷淡情绪。对于不采用来稿的用户，运营者可以对他们进行鼓励，或者将他们进行评比，评比出最活跃的用户，线下可以给他们邮寄小礼物。

2. 运营渠道单一

在短视频运营中，有些人以为只在一个平台上发布短视频就可以了，这是一个很大的误区。这就像是找工作的误区一样，以为只有网上投简历这一种渠道，不知道找工作还可以找中间人介绍。

短视频不能只在一个平台上发布，原因有以下几方面：其一，现在互联网技术很发达，每个人都有智能设备，但出于各种原因，每个人使用的平台不尽相同，比如某公司高层领导喜欢用"抖音"，员工就会跟风下载"抖音"；其二，各个平台的主打短视频类型也会有所不同，比如，"抖音"上面比较火爆的短视频一般是搞笑段子等类型，而某些资讯类平台只做新闻等类型的短视频；其三，各个平台的推荐算法、机制也不尽相同；其四，在流量时代，各个平台并不能一直处于行业领先地位，后起之秀超越业界大牛的案例屡见不鲜。

在短视频日益火爆的时代，各个平台都在想尽办法争取自己的一席之地，他们对发布短视频的运营号都会有一些利益倾斜。比如，有些平台可以让用户打赏短视频，或者举办一些活动，还有一些新上市的平台为了吸引投放会给予运营者一些好处，运营号可以借助这些活动推广自己的短视频，如果只在单一的渠道发布短视频，可能就会错失良机。

举个例子，某人在前期为了学习制作短视频，选择一个平台进行发布，形成一定的粉丝群后，运营者转变性质，开始盈利了，但他依然在这个平台上发布，用户只有几十万，很难提高。这时有人为他出谋划策，让他多个渠道同时发布，虽然还是早期的平台粉丝最多，但其他平台的粉丝人数加起来也有一定的数量，而且还在继续增加，所以很轻易就突破了人数瓶颈。

还有一个误区是运营者在多渠道发布短视频时，为了省事，没有侧重点，设置的关键词、标题等完全一样，要知道各个渠道的规则、特点等是不一样的，如果没有按照平台的这些特点改变短视频，就不会获得理想的关注度。

具体来说，一些平台的短视频内容具有明显的倾向性，比如西瓜视频主打游戏短视频，如图7-2所示，用户在搜索关键词时游戏的关键词占比很大，所以在西瓜视频上投放搞笑短视频，搜索量不会很高。因此，发布短视频时可以灵活改变关键词，比如，短视频内容是篮球运动投篮瞬间，关键词就可以定为"灵魂射手"。

不同的平台，对短视频的时长限制也不一样，因此要针对这一规则分别剪辑短视频。比如，某地球科学类短视频在传统平台上只有一集，时长共4分钟，"抖音"火了之后，运营者也想借力推广科学知识，但是"抖音"平台的时长限制是1分钟，运营者就根据平台的规则把视频剪辑成了4集，每集1分钟，用户在看到其中一集之后，如果被内容吸引住了，自然就会搜索其余的内容。

游戏

下手要狠,出招要稳,猝不及防啊
2.3万　6

旬猫:高端局李白1打4教学,你从未见过的反向思维李白玩法!

图 7-2

由于平台对短视频内容具有倾向性,平台的用户也具有不同的喜好。比如"美拍"的用户女士居多,她们会看一些美妆、时尚、穿搭的短视频,如果没有了解用户喜好,投放其他类型的短视频势必无人问津。针对这种情况,运营者应该有选择地发布短视频,比如,某旅游类短视频的创作者,在视频中的人物是女士时才将其发布到这些特殊的平台上。

在刚开始运营短视频时,不知道哪个平台更适合自己的情况是很常见的,这时选择多渠道发布更能见效。比如,某书法短视频运营者在研究了各个平台之后,决定在主流渠道、小众渠道上都发布视频,虽然用户数量都不多,但是主流渠道上有用户搜索,小众渠道也有人看,点赞率便会更高一些。

3. 不持续关注渠道动态

不持续关注渠道动态也是短视频运营认知上的很大误区。渠道动态主要包括以下内容:一是平台官方政策动态,比如某平台修改了红利分配规则,对视频的要求有变动等;二是渠道官方活动动态,比如平台在情人节要举行什么活动,在刚上线时举办什么活动等;三是渠道技术、功能革新动态,比如某平台上线了一款新功能,点赞之后即可收藏短视频。这些动态都是我们要持续关注的,因为渠道是短视频的土壤,不关注土壤的状况,上面栽种的短视频必然会凋零。

渠道动态对运营者非常重要，只有持续关注渠道动态，才能把握好短视频运营的方向。我们可以根据平台的动态了解平台对短视频类型的政策倾斜，可以了解平台的用户变动，可以在平台活动开始前及时准备，以在活动中脱颖而出，也可以根据平台功能的改变及时调整自己的运营策略，这样不仅可以逆水行舟，还可以顺势而为。

短视频和商品一样，有市场需求，也有市场规律。当一个类型的短视频走红以后，就会有大量的人跟风，而平台在初期为了吸引流量，会大力支持推荐这类短视频，一旦人们产生审美疲劳，不再需求这种短视频之后，平台肯定会采取措施限制这种短视频。这种决策干预可以通过平台的动态来了解，一些平台会在首页等位置重点推送、置顶一些短视频，并在其他渠道发布一些有关信息。比如，某个平台在大力推荐一条科普视频，并在微信公众号上推送了一条标题为"谁说科普不能玩短视频"的文章，而平台的管理层也在新闻上发言要向知识付费方向发展，根据这些就可以判断出平台有改变自己短视频格局的趋势。

由此可见，对于新手来说，在还没有想好做什么类型短视频的情况下，关注渠道动态，了解渠道信息，可以避免盲目跟风，尽快厘清思路，做出相应的对策。比如，针对平台鼓励科普短视频这一动态，如果条件允许，就可以着手做这类短视频，在其他人做出行动之前，就可以占尽先机。

有些动态看似和自己无关，但是仔细思考就会发现，这些动态无不蕴藏着一些机遇。比如，"抖音"的微信公众号曾经推送了一篇文章，题为"抖音致全国非遗传承人的一封信"，如图7-3所示，虽然普通运营者都不是非遗传承人，但是，非遗传承人中又会有多少人看到这篇文章呢？他们大多数都已上了年纪，而且身处小城市和乡村中，可能都没有听说过"抖音"，这时组织团队联系非遗传承人，和他们合作拍摄短视频就是一个不错的想法。

图 7-3

渠道新上线的功能也能反映平台的一些趋势,比如"抖音"新上线的"未成年保护工具",虽然是针对青少年的一项功能,但它说明"抖音"在向着制度化、规范化迈进。而某些平台新上线的小游戏看似与短视频运营毫无关系,但是联系平台遇到的各种限制,就会发现这是平台重新吸引用户的一种手段,间接说明平台或者流失了一部分年轻用户,或者有做游戏短视频的打算。根据这些信息及时调整对策,才能维持生存。

此外,关注平台动态还可以避免违反相关规定。比如,某个平台的微信公众号有一篇文章题为"打击侵权,维护原创",这就给了我们平台要整顿侵权的提示。有的短视频或多或少有抄袭的痕迹,这时就要审查自己的短视频是否合乎规范,尽早剔除可能违规的短视频。

综上,不关注渠道动态不仅是误区,还可能严重影响自己的运营之路,所以如果运营者是团队的话,最好能安排专人关注分析渠道动态;如果是个人，可能精力有限，看到动态也想不到深层含义，那就最好能经常上网搜索动态分析，以及时做出反应。

4. 硬追热门

热门就是受到大众关注的突发事件、节日、新闻八卦等焦点性内容，追热门是运营者都会做的事，这是提高关注度极有效的方法。但是，运营者很多时候会硬追热门，这反映了运营者急功近利的心理。不难想象，每一次热门事件发生后，这些运营者都渴望借"东风"把火烧旺，但不是每一次热门都是"东风"，还有可能是"西北风"，而且自己的能力不充分，就算"东风"很强劲，也难以把火烧起来。

如果只是练习怎样追热门，没有盈利目的，这是可行的，是应当被鼓励的；如果是为了赢得用户的关注，转化为流量，追热门就要有冷静的头脑了，不能不考虑自己的短视频和热点是否有关联。用户对热点已经看得很多了，如果你蹭的热点没有新意，用户出于厌倦心理，可能都不会点击观看，或者看几秒钟就会退出，这都会影响点击率和完播率，更重要的是影响平台对视频的推荐。更有甚者，连续硬追热点，不管内容是否恰当，粉丝都会厌烦这种做法，久而久之，粉丝自然会流失。

所以追热点要注意短视频与热点有没有关联性，比如自己的短视频是时尚美妆类，倘若过几天就是情人节，这个热点就可以蹭，而且蹭得好的话有可能会上热搜；但如果热点是某部热播战争剧，这个时候热点与产品毫无关联，如果硬蹭热点，蹭得不好还会引来骂声。所以不考虑热点与短视频内容的关联性是相当大的误区，要知道"强扭的瓜不甜"，资深运营者都会避免这种情况发生。

热点也有正面热点和负面热点之分，一般运营者都会追正面热点，因为负面热点有一些让大众反感、悲伤的情绪，追这种热点很容易弄巧成拙。

热点都具有时效性，在一个热点发生后的六小时内，是追热点的黄金时段，如果过了这个时段还在追这个热点，持续发布相关短视频，用户早已腻烦了，点击率等肯定会降下来，白白浪费自己的精力。

还有一种情况是自己的能力不够，虽然热点和视频内容有关联性，但是自己无法更好地将它们组织起来达到夺人眼球的效果，这时要视自己的能力去做，不要硬追。比如，短视频类型是情感类，而热点是端午节，视频内容描述的是节日这天孩子给父母送去粽子，表达对父母的感激之情，视频标题是"粽情暖暖，送给家人"，内容和标题都不出彩，很难让用户点赞。

有些人看了几个爆款短视频后，认为可以通过借鉴，在追热门时别出心裁，这样就会提高曝光度，只要播放量上去了，就不愁转化率。比如，吐槽段子类短视频追热门可以卖广告位；时尚美妆类短视频追热门可以卖出流行化妆品；知识技能类短视频追热门可以让大众付费等。但是，这些交易是即时的或短周期的，所以成交率很高，而长周期的消费品并不适合，如图7-4所示。

比如，有个公共空间设计运营团队在平台上经常展示自己的设计成果，在看到热门消息后也想分一杯羹，在举行世界杯足球赛的时候，这个团队在平台上推出了酒吧间设计方案的短视频，设计风格非常接近世界杯足球场，当时引来很多人关注，但是转化率并不高。这是因为酒吧运营者在还没有创业或装修需求时，不会因为看了短视频就会有装修的冲动，他们可能很长时间以后才会想到这个设计团队，但是那会儿世界杯早已结束，这种装修风格也不会再有人提起，蹭热点只会白白浪费精力。

长周期的消费品追热点即使很成功，理念很符合潮流，也无法取得高转化率，而消费者也不会单纯为理念付费，他们更注重实用。因此，长周期的运营者做短视频不要硬追热点，这类短视频的目的主要是让用户分享，要让每一条短视频都能引起相应用户的兴趣，让他们认为值得收藏，认为日后必然能用得上。

图 7-4

5. 从来不做数据分析

流量时代也是数据时代,各种信息背后是不同的数据,如果不对视频做数据分析,就无法看到自己短视频的亮点与不足,也无从做出改进;如果不对平台进行数据分析,就可能无法达到用户最大化。

数据分析中最基础的工作是对自己的短视频进行分析,评价一个短视频的数据有点赞率、评价率、播完率等指标,这些指标可以根据平台上面的基础数据进行计算。有些人感觉自己没有这方面的精力,或者自己的短视频数据总是很低,怕受打击,就一直不想做数据分析,这些都是严重的误区。因为这些指标可以反映视频内容是否优质,也可以反映用户对视频的喜好程度。比如,一个名为"扎心语录"短视频,它以文字配图片的形式展现,虽然每个短视频中只有三四句扎心的语句,但是用户不喜欢看文字,所以播放量并不高。如果运营者没有做全面的数据分析,只是查看了一下播放量,很可能会感到深受打击。但是如果综合各种数据进行分析,很可能会发现受众虽少,但是好评度却很高,比如播放量是 3 000 次,点赞数是 1 152,评论数是 321,这说明内容还是很优秀的,需要改进的只是内容的展现形式。

发现了自己短视频中的缺陷,接下来就要和同类视频做数据对比分析了。还以"扎心语录"短视频为例,同类短视频除了内容形式相同的,还有真人谈话形式的,这种形式的短视频有的侧重于风景,有的侧重于人物。侧重于风景的短视频播放量虽然比图文形式的播放量高,但是点赞率较低。研究发现,"扎心语录"的重点是语句,而加入风景让用户相当分神,对语句也就没有了感觉;而侧重于人物的短视频,特别是有美女出镜,数据都很乐观,这一方面反映了用户注重颜值,会被人物相貌所吸引,另一方面反映了在短视频时代,传统的图文形式已经落伍了。

这些都是最基本的数据分析,而运营者想要更上一个台阶,就要对平台进行数据分析。这些数据包括平台使用时长、平台用户数以及用户性别、年龄分层、消费偏好等,如同播放量等基础数据一样,这些数据也不能单独来看。有些运营者一看这么多数据,感觉作用不大,而且分析不出个头绪,索性放弃分析,这就如同因噎废食。其实数据分析并不复杂,也不用很精细,因为数据分析的目的是指导运营,只要能看出大致趋势就可以。

比如,对各个平台的用户数量进行分析,可以得到各个平台的排名,当前排名靠前的几大视频平台是"抖音""快手""火山""美拍""猫咪",但是不能只根据排名来发布短视频。还需要分析各个平台的视频类型,如"抖音""快手"等是综合型,里面的短视频类型很丰富;"美拍"主打美妆、时尚、穿搭,类型较单一。这一方面说明平台要做大就要不断突破类型瓶颈，另一方面也说明投放视频要考虑平台是否接纳。然后再根据自己的商品类型有针对性地分析其他数据。比如商品是时装，就要分析用户性别比例、年龄分层等；商品是知识产品，就要分析用户的消费偏好、消费价格区间，并需要结合播放量来分析。比如某运营号的商品是指导写作的音频，通过分析这些数据，得到消费用户占观看视频用户的比例；如果比例太低，说明用户不愿意购买，然后再分析用户的消费价格区间、同类短视频的内容等，可以发现用户要么感觉商品价格太高，要么从短视频内容中感觉不到商品的价值。也就是说，数据分析可以帮助视频创作者认识缺陷，及时改正弊端。

　　运营短视频的高手还会调研查看平台的数据动态，综合分析平台的数据变动，能够得出平台的发展趋势、用户的喜好等，再据此定位、制作自己的短视频，就能受大众欢迎。比如某运营团队在各个平台上都会发布短视频，经过一番数据分析之后，发现一个平台虽然不是行业领头羊，但是连续三年其用户人数都在上涨，而且 30～40 岁年龄段人数上涨最为明显，该平台具有购物渠道，排名处于前三位的分别是时装类、办公类、母婴类产品。根据这些数据，该团队专门制作了一档母婴类短视频，经过用户挖掘和商业化测试，短视频拥有了大量的粉丝，而代理的母婴产品也有了很高的销量，不少企业开始寻求与其合作的机会。

　　总而言之，数据分析可以让我们"运筹帷幄之中，决胜千里之外"。"凡事预则立，不预则废"，在事前多关注平台数据，在事中跟踪自己的数据走向，依据数据做出推测，比做"马后炮"，事后再论证失败的原因要更有效。

第 8 课
短视频运营的 5 个数据分析指标

1. 固有数据：发布时间、视频时长、发布渠道
2. 播放量相关指标：对比同期短视频和相近题材短视频的播放量
3. 播放完成性相关指标：播完量、播完率、平均播放进度
4. 互动数据：评论量、点赞量、转发量、收藏量
5. 关联指标：播荐率、评论率、点赞率、转发率、收藏率、加粉率

1. 固有数据：发布时间、视频时长、发布渠道

在短视频运营中，数据有着很重要的作用，比如抖音上面的短视频都有时长限制。就像专业赛跑一样，每个选手的起跑时间、到达终点的时间都会有记录，短视频的数据可以帮助我们指导下一步工作。

其中，固有数据就是指上传短视频的过程中不会因外部因素变化而改变的数据，这些数据只和视频本身特性有关，比如发布时间、视频时长、发布渠道。

发布时间

发布时间就是短视频制作者上传到平台的时间。短视频的发布时间和微信朋友圈的发布时间相似，都有记录日期的功能，方便将短视频排序、整理。

此外，最重要的是发布时间的确定。一天中，在什么时间发布短视频是有讲究的。比如，一天之中下班之后的时间段是黄金时段，这个时候发布的短视频会有大量观众浏览，而上午发布的短视频本来看的人就少，到了晚上，又被后发布的挤到了后面，用户由于审美疲劳，多会错过上午的短视频。还有人研究发现，周末未必是上网流量最大的时间段，因为周末刷手机的一般是宅男宅女。

如此看来，发布时间真的对短视频播放量有很大影响，因为发布时间根本上与用户作息密切相关。比如上班族一般只有晚上有时间，而学生在午休和没课的时间里就会刷视频；购物狂会在购物节点狂刷视频，具有情怀的短视频在与其相关的日子里发布就会得到大量关注。

在短视频运营过程中，了解受众作息、爱好等是提升点击率的重要手段，后台都有数据可以参考，可以借这些数据分析受众点击视频类型和观看时长，还可以主动出击，向用户发送调查问卷，充分了解他们的喜好与业余时间段。

视频时长

视频时长就是短视频的时间长度。各大平台对时长有不同的限制。比如,"今日头条"的时长限制为 4 分钟,"抖音"只有 1 分钟。视频太长,用户就会没有耐心看完;视频太短,又不足以表现剧情,用户可能刚看清视频主角是谁就结束了。

举个例子,假如你拍摄了一个孔雀求偶的短视频,如图 8-1 所示,结果录了半天,前面的部分全是孔雀原地来回走动的镜头,后半部分孔雀才开屏,或者镜头一直是孔雀开屏,用户会感觉很无聊。如果视频时间很短,连孔雀开屏的过程都没录全,用户体验就非常不好了。

图 8-1

所以,短视频的时长决定了视频的信息浓度,录制、上传的短视频一定要提高信息浓度,去掉无关信息,保证最合适的时长。这是短视频的关键所在,把握好最佳时长才能让用户喜欢,从而提高关注度,获取流量。

发布渠道

短视频的发布渠道就是上传短视频的专门视频网站或平台。有些短视频内容其实很优质，但是发布到某平台之后点击率并不高，而有的短视频内容很普通，传到视频网站上之后却有很高的播放量。其实，这里的原因就和视频发布渠道有关，因为渠道不同，推荐机制不同，受众也有所不同。

有些平台上传的短视频是要经过相关人员筛选的，他们会依据短视频的内容、质量分类排序，比如爱奇艺、优酷等视频网站；有些平台不需要人工处理；有些像微信朋友圈的更新，最新上传的短视频会显示在最前面位置；有些平台是根据短视频上传者的粉丝数、关注度、点赞量、评论量、转发量等进行推荐的，比如抖音、美拍等。

虽然短视频的观众大多数是"80后""90后"，但不同的平台定位的用户是有差别的。"美拍""快手""抖音"等社交类平台主要是满足用户的社交需求，娱乐性很强，所以受众一般是年轻人；专注于模仿、K歌的功能性平台受众明显少了很多，这些平台的用户一般有某方面的爱好；还有一种专注做新闻资讯的平台，此类平台上的用户不是寻求娱乐的，而是寻求有价值的信息。

2. 播放量相关指标：对比同期短视频和相近题材短视频的播放量

短视频的播放量是衡量短视频热度、传播率的重要指标，如同畅销书的销量、电影的票房一样，可以反映短视频的质量、吸引力和流量转化率。相对于同期短视频和相近题材短视频的播放量，观众会倾向于选择播放量高的短视频，而运营平台也会选择高播放量的短视频进行推荐。

播放量的计算方式是观众点开短视频观看的次数，如果一个人点开观看了5次，播放量就会增加5次。视频制作者对自己短视频的播放量最为关注，总体播放量少，说明自己知名度不高，或者内容太乏味；某个短视频播放量低，说明转发率低，该短视频内容质量不高。那么，如何查看播放量呢？"抖音"的播放量查看如下：点击右下角"我"，进入个人中心，"作品"一栏里就是自己的作品，每个视频的左下角就是播放量，如图 8-2 所示。"快手"也基本相似，点击进入个人视频界面，点开自己的作品，作品下方就会显示播放量。

如果人们在不同的平台上传了同一个短视频，势必要了解同一个短视频在不同平台上播放会有什么差距。比如某视频在"抖音"上的播放量是 20.5 万次，在"快手"上是 36.2 万次，在"美拍"上是 12.6 万次，说明这个视频在"快手"上传播得更快。如果只在"抖音"一个平台上发布了短视频，可以每天、每小时计算一下播放量，比如发布短视频后，第一天的播放量是 5 600 次，第二天是 15.2 万次，第三天是 7.9 万次，说明第一天发布的时间可能有问题，很多人没有观看，而第二天达到流量高峰，很可能第二天是节假日等特殊日子，很适合发布短视频；认真记录每小时的播放量变化，还可以发现哪个时间段是人们上网观看短视频的集中时段。

此外，平台上还有很多相近题材的短视频，分析这些短视频播放量，可以发现自己视频的优缺点。比如"抖音"上某条短视频是随着背景乐起舞，播放量是 26.3 万次，而采用相同背景乐的其他舞蹈短视频的播放量是 39.6 万次。有差距的原因有很多，可能是知名度不够，也可能是舞蹈本身不够吸引人，这时可以看评论，看看网友是怎么评价的，就可以大致知道在什么地方需加强改进。

经过对比，我们发现影响短视频播放量的因素有以下几种：一是短视频类型和平台是否匹配；二是短视频的原创度，如果短视频与他人的创意有雷同，就算其他方面很优秀，只要用户看出来是模仿他人的，就很难点击观看；三是关键词，关键词对应的是用户的需求、喜好，如果短视频内容非常好，但是关键词没有选对，没人搜索，播放量肯定不会高；

四是短视频推荐度，平台会根据各个数据判断短视频值不值得推荐，如果平台不予推荐，用户看不到，自然取得不了高播放量；五是上传的渠道数量，虽然有些渠道并不适合某类型的短视频，但是只要有人点赞、转发，就会收获播放量，所以不仅要选对流量大的渠道，还要多渠道发布视频；六是上传短视频的频率，上传短视频也要勤奋，三天打鱼两天晒网的话，粉丝就会渐渐流失，没了粉丝，第一时间看短视频的人数就会减少。

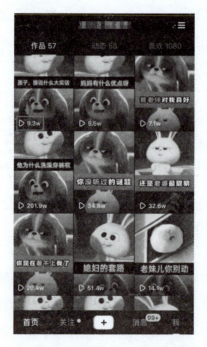

图 8-2

针对这些因素，要提高播放量，可以主动推广自己的短视频，因为短视频受限于平台推荐机制，自己无法控制，所以要主动推广自己的短视频，比如可以请好友帮忙点赞、关注，可以利用自己的社交平台推广短视频。在自媒体时代，我们身边很多人是流量大咖，请他们帮忙推广也是不错的选择。

短视频中最好能高频出现昵称、主角名字等，有些用户偶然看到一个

第 8 课
短视频运营的 5 个数据分析指标

短视频很喜欢，但不知道主播昵称，就会搜索短视频中的人物，在浏览器上搜索的次数多了，浏览器就会推荐相关短视频，这也是间接推广的手段。

自媒体时代，蹭热点是最好的手段，因为热点本身就是关键词，搜索量非常大，在这种洪流之下，播放量极有可能提高。

短视频平台本身就是用来社交的，所以用户的评论要及时回复，用户看到你的回复很有可能非常高兴，就会为你点赞、转发，进而升级为你的忠实粉丝，帮你提高播放量。

3. 播放完成性相关指标：播完量、播完率、平均播放进度

如果播放量等于电影票房，那么播放完成性指标就是影院"逃跑率"和"睡觉率"，电影上映并不是电影的最终目的，短视频的上线播放也不是它的最后一站。播放完成性指标会给出视频的效果，平台会根据这些指标确定是否再次推荐某视频，还可以发现用户在哪一节会退出观看，也就是说，播放完成性指标对改进视频有一定的参考价值。

播完量、播完率

播完量是指用户点开短视频从开头看到结束的次数，播完率是指播完量除以点开视频的次数的值。这些数据对平台有重要的参考价值，平台可以根据这些数据做出是否推荐短视频的判断。比如，播完量和播完率都很高，证明这个短视频很受大众喜欢，平台就会再次推荐；如果短视频的播完率很低，就证明用户在短视频中间就会退出，或者短视频不受欢迎、剧情拖沓，或者视频中有让用户厌烦的东西，平台就不再推荐了。

分析发现，快节奏的短视频更受用户欢迎，最明显的就是技能类短视频。比如短视频中讲解计算机技能，有些人害怕用户看不清，没记住重

点，一句话要重复三遍，这会让用户感觉很不舒服，这种短视频的播完率就不会高。所以这种短视频说一遍、说清楚就足够了，不要画蛇添足，用户没记住，他会再次点击播放。还有一些内容不适合快节奏播放，比如有些幽默的段子前面要做"包袱"，如果节奏太快，用户还没反应过来，"包袱"就抖了出去，效果不会太好。对于这种短视频，可以进行后期制作，加入一些特效、字幕，帮助用户理解，留下抖"包袱"的时间，前面的内容再包装一下，给用户营造快节奏的氛围。

符合用户口味的视频播完率更高，所以在制作短视频之前要做用户定位，根据用户定位来确定短视频的一系列属性。比如，用户定位为男性，那么短视频封面可以用颜值很高的女性形象；或在短视频中引入科技元素；背景乐也可以用摇滚乐；有些短视频有片头，可以做出酷炫的效果等。如果用户具有某种情怀，我们就可以在短视频中加入美景或者拍摄古建筑外景等。

而那些播完率低的短视频，存在的问题有以下几种：内容拖沓、无聊；用户看不懂；内容与封面不对应，给用户造成心理落差；内容类型与用户期望的内容不符。比如，某个视频发布在"抖音"上，用户潜意识中认为"抖音"播的是娱乐类视频，而点击进去发现是古董鉴赏，就会立即退出。研究播完量、播完率，就是要分析视频中出现了哪些问题，并对症下药。

具体来说，有些短视频的封面是颜值很高的美女，但是用户点开以后发现短视频里的人很难看，必然会退出观看，虽然美观的封面利于增加点击率，但是不能虚假不实。还有一些短视频的标题很吸引人，但是内容很平庸，比如短视频中的人物只做了几个卖萌的表情，用户看到后就会大失所望。其实，这种短视频有改进的方式，可以一直拍摄人物的背影或者侧脸，如图8-3所示，或者在短视频最后将正脸转向观众，因为观众看不到人物的正脸，就会一直保持好奇心，也就会把短视频看完了。

图 8-3

平均播放进度

平均播放进度和播完量、播完率密切相关,也是平台推荐机制的根据,如果平均播放进度低,平台就会认为这个视频有缺陷。平均播放进度也有利于分析某个短视频的缺陷存在于哪个位置。比如某个搞笑类短视频总共 2 分钟,但平均到了 1 分钟时,多数用户就退出了,以下是该短视频内容。

视频开始时,男主角在做家务,然后黑屏,时间显示一周之后。

女:"你又要去哪儿呀?"

男:"我……上周末不让我出去,这周末就让我出去吧,好媳妇。朋友约我啦,不出去会让他们说的,我一会儿就回来。"

女:"不行,家务做完了吗?不做完不让去,给你两个选择,要么做家务,要么别回来。"

然后男主角乖乖地去做家务。

分析这一段内容,发现内容很乏味,虽然后面男主角在做家务时发生了搞笑的事情，但是前面实在对观众没有吸引力。所以平均播放进度的用途就是准确找到问题所在，方便下次制作视频时排除这种不足。

4. 互动数据：评论量、点赞量、转发量、收藏量

用户观看了平台上的短视频之后，就会有点赞、评论、转发、收藏的冲动，这些行为反映在后台管理上，就是互动数据。因为点赞、评论、转发、收藏都和短视频播放有关，所以播放量是互动数据中的基础数据，平台会根据互动数据判断短视频适不适合进行推荐。各个平台对这几个数据设置不尽相同，如图 8-4 所示，以"抖音"为例，点赞量在屏幕右方显示，图标是心形，下面的"630"就是点赞量。用户在点赞的同时，"抖音"会将这个视频收藏到用户个人中心，所以点赞量等于收藏量；在点赞图标的下方是对话图标，下面显示"30"，这就是评论量；"抖音"的转发量只有后台才能显示。

图 8-4

评论量

评论量就是用户看完短视频后评论的数量。无论评论的内容是否与短视频有关，或者是否恰当，只要有评论，评论量就会上升。评论量高，说明用户或极度喜欢或极度讨厌短视频中的内容和人物。

想要提高评论量，就要在制作短视频时深挖话题点，主动制造话题。同时，在有用户评论时，要及时与用户互动，引导用户继续评论，也可以适当自嘲，让评论变得有意思。有些用户在看完短视频之后，可能感觉短视频质量很一般，会评论一句然后退出，这时的回复就显得很重要了，有趣的回复可以把用户拉回来，有些用户看到自己被尊重了，就有可能成为粉丝。有些用户在看到"神评论"后，也会有评论一下的冲动，所以我们可以找朋友给短视频加几句"神评论"。

点赞量

点赞量就是用户看完短视频后认为视频很优秀的数量。点赞量反映了用户喜欢短视频的程度，如果点赞量高，平台就有可能加倍推荐你的视频。点赞量也可以用来进行对比，比如将自己的某个短视频与他人的同类短视频的点赞量对比，可以发现自己的短视频与别人的差距。

对比自己的短视频点赞量也能及时发现什么类型短视频才更受用户的欢迎。比如同一天上传的两个短视频，一个是感慨型，另一个是幽默段子型，平台分配给两个短视频的播放量差不多，但是幽默段子型的点赞量明显多于感慨型，这就说明粉丝更喜欢幽默段子，或者粉丝不认同感慨短视频中的内容。

转发量

转发量是用户在看完短视频后转发的次数，反映了用户分享短视频的愿望。转发的行为反映了用户的几种心理：自己喜欢这个短视频，认为它很好笑、很高端或充满正能量等，在自己喜欢的同时也想让别人来分享这种乐趣；或者认为短视频中有自己想要评价的点，而对于这个评论点想与他人一起交流，拓宽社交面；或者认为短视频对某个人有用，比如用户看到了一款母婴类短视频，就转发给了有宝宝的妈妈。

转发量可以间接反映自己的粉丝增长情况。比如上传了两个短视频，一个短视频的转发量为12.6万次，另一个短视频的转发量为3.8万次，而这期间粉丝数涨了2万人，那么就可以大概判断出来是第一个短视频给自己带来了大量的粉丝。

由此我们可以得出结论，提高转发量的关键就是增加短视频内容的垂直度或使其大众化。比如搞笑类短视频、正能量短视频就很大众化，转发的人会很多；美妆类短视频具有垂直性，闺蜜之间也会大量转发。

收藏量

收藏量是某些平台上用户看完短视频之后进行收藏的次数，反映了用户对短视频的肯定。研究发现，收藏量高的短视频要么用户有反复观看的欲望，要么对用户有帮助，比如实用技能类短视频。还有一种现象是收藏量很高，但是转发量相对较低，这说明用户不想分享短视频内容，可能短视频内容触到了用户痛点，用户被打动了，但分享之后可能会引来别人嘲笑。

对于实用技能类、教育类短视频，评价它们是否优质，关键就在于收藏量，收藏量高，说明人们觉得它有用。比如某个短视频号是介绍女生怎么穿搭的，播放量很稳定，一直维持在20万次左右，在短视频作品中有的收藏量较高，有的收藏量较低，那么以此便可以判断人们更喜欢哪种穿搭方式。

5. 关联指标：播荐率、评论率、点赞率、转发率、收藏率、加粉率

短视频平台不同于传统媒介，它能够让每个短视频都有一定的播放量，这里的关键就是后台的算法机制。短视频平台的算法不是基于一个

数据,而是通过诸多有关的数据综合来评价每条短视频,判断其是否值得大范围推广。这些数据就是关联指标,它们是在互动数据的基础上产生的,但与互动数据不一样的是,关联指标只有后台能看,运营者无法看到详细的指标,不过也可以根据互动数据粗略地进行估计。

播荐率

播荐率又叫点击率,是播放量与推荐量的比值,即播荐率 = 播放量 / 推荐量。由此可见,如果短视频平台将某个短视频推荐给几千个用户,而这几千个用户大部分都观看了短视频,播荐率就很高;如果只有几十个用户观看了短视频,那么播荐率就低。当然,单从播荐率来看,还不能准确判断该短视频是否值得推荐,因为如果推荐给的用户群太少,很可能短视频与他们的喜好不相符,比如将女生穿搭短视频推荐给了很多准妈妈。

短视频平台会根据用户的观看记录力图避免这种问题。所以一般情况下,播荐率不高是因短视频本身存在问题。因为用户在不知道短视频内容的时候,只会根据封面、标题等信息点开短视频进行观看,所以播荐率和短视频的封面、标题等信息直接相关。我们可以简单分析一下哪种短视频播荐率高,如图 8-5 所示,这四个短视频中,对用户吸引力较强的应该是左上角的短视频,它的播荐率就较高;左下角的短视频对喜欢舞蹈的用户有吸引力,右下角的短视频对喜欢风景的用户有吸引力,而右上角的封面无法获得短视频内容等信息,用户只会出于好奇点击观看。所以想要提高播荐率,必须做好短视频封面,可以给出短视频内容;可以引起观众好奇;也可以利用颜值。

评论率

评论率是用户评论量与播放量的比值,即评论率 = 评论量 / 播放量。评论率反映了用户对短视频内容进行评论的冲动,也反映出短视频中引发用户喜好或厌恶的点。可以设想,如果短视频内容非常严肃,或者没有突出的点，用户就没有评论的热情了，或者无法找到话题。

图 8-5

如前所述，要提高评论率，就要在拍摄制作短视频时制造话题，用户大都知道评论区的留言是很难被回复的，所以他们看到短视频中有他们想要的东西时，一般不会评论。比如看到短视频中有一个名牌包包，一般都不会问这个包包是什么牌子的，更何况平台上有同款商品推荐链接，用户只要点开就可以找商品，而不会在这方面进行评论，他们的评论点一般是槽点。

点赞率

点赞率是用户点赞量与播放量的比值，即点赞率 = 点赞量 / 播放量。点赞率是平台评价短视频是否值得大范围推荐的重要参考指标，特别是对于刚开始运营短视频的人来说，平台给他们分配的用户只有几百或几千人，然后在这些人看过短视频之后计算点赞率，如果点赞率低，平台很可能认为该短视频不吸引人。比如，平台分给一条短视频的用户有 1 000 人，这些人看过之后，只给了 16 个赞，点赞率是 1.6%，这个数据就没有达到平台的标准，平台就不会再推荐给更多的人了，若你粉丝也没有多少，后期就很难做大。所以前期的点赞率一定要高，最好能达到 5%，平台看到点赞率达到标准了，就会再进行推荐，被推荐到的人数多了，粉丝数才能相应增加。

转发率

转发率是用户观看短视频后向他人转发的次数与播放量的比值，即转发率 = 转发量 / 播放量。因为运营者一般看不到转发量，所以转发率也无从估计。但是前面说过，用户转发短视频是有出发点的，而且用户转发短视频时一般不会只转发给一个人。比如，一个短视频非常搞笑，用户看过之后，会给亲朋好友转发，让他们也开心一下，如果他给 10 个人转发了，其中有 5 个人点击观看了，又有 1 个人给别人转发了，就会引来下一轮转发。转发是有连锁效应的，正所谓"一只蝴蝶扇动翅膀，会带来一场风暴"，所以刚开始运营短视频的人应该尽最大可能让亲朋好友转发，让他们帮忙打开局面。

收藏率

收藏率是收藏量与播放量的比值，即收藏率 = 收藏量 / 播放量。某些平台的收藏功能比较隐蔽，用户难以找到，或者用户出于习惯问题，会点赞，或发到朋友圈等，不会添加收藏，所以收藏率一般都不高。只有用户在感到短视频内容对自己有用或比较私密，转发给别人会打扰别人时，才会收藏，比如某用户喜欢天文类短视频，而朋友们都不喜欢，他就会收藏起来。

加粉率

加粉率是粉丝增加数与播放量的比值，即加粉率 = 粉丝增加数 / 播放量。加粉率是用户喜欢运营者或者短视频内容的反映。比如，运营号是某位明星，用户喜欢这位明星就会成为他的粉丝；或者运营者发布的短视频都是关于书法指导的，爱好书法的用户就会关注该运营者。所以，想要收获忠实的粉丝，需要提高内容的垂直度，做母婴类短视频就不要随意改成美食类。有些类别的短视频受众比较少，粉丝就少，比如古董鉴赏类。想要提高加粉率，不能随便改变题材，因为这样会流失很多粉丝，但是可以把严肃的气氛变得轻松幽默起来，把专业性平民化。

第 9 课
不同门类短视频的10个运营策略

1. "吐槽"段子类：言辞犀利却不失趣味
2. 访谈类：话题策划热门有料
3. 电影解说类：创新推介和解说形式，令人耳目一新
4. 文艺清新类：发现生活场景的美
5. 实用技能类：提供"干货"才是王道
6. 文化教育类：重在内容选题策划
7. 时尚美妆类：紧跟潮流，提供时尚新观点
8. 运镜类：超酷炫引模仿
9. 育儿类：可爱精怪又搞笑，给粉丝点赞的冲动
10. 带货类：软植视频，避免违和感

1. "吐槽"段子类：言辞犀利却不失趣味

在工作生活压力极大的今天，很多人都需要在休闲时间放松心情，找点"乐子"，他们会上网搜一些段子、搞笑短视频让自己紧绷的头脑缓解下来。他们只会注重"笑果"，一般不会考虑这些段子是不是有过多的道理。因此，"吐槽"段子类短视频有了极大的生存空间。

"吐槽"段子类短视频本着带给用户乐趣的目的，在大众熟知的事情或者流行热点中找到"槽点"，对此进行趣味解读。"吐槽"段子类短视频有两个关键点，一是"吐槽"针对的点要准，挖掘的内容要深，力度要狠，观点角度要新；二是要富有幽默感、趣味性。

"吐槽"段子类短视频主要分为三种，分别是情景短视频、播报短视频、个人吐槽短视频。

情景短视频

情景短视频以"钟婷紫然""陈翔六点半"等最为火爆。这类短视频的场景取自生活，一般不固定；时间一般都很短；主角一般是固定的几个人出演，但没有固定的关系；情节简单，一般有一到两个笑点。这类短视频一般表现普通人的日常生活，或者幽默的对话，如图9-1所示。

图9-1

在"钟婷紫然"中,有一次钟婷被一个男的逼到了墙角,男的问她:"世界上有两个男人会对你好,一个是你父亲,另一个是你男朋友。"说着,男的举起了一束花送给钟婷,接着说:"你明白我想说什么了吗?"

钟婷说:"不太明白。"

男的问:"你有没有男朋友?"

钟婷说:"没有。"

男的问:"既然你没有男朋友,那你说我想当你的什么?"

钟婷说:"你想当我爹?"

由这个例子可见,对话非常短,而且人物形象塑造得很萌很天真,由此得到一种很意外、很搞笑的效果。所以这类短视频的运营重点就在于精心构思对话、情景,既要让结局出人意料,又不能让人看不懂。只有在很短的时间内让人开心一笑,才能获得关注与点击。当然,这种短视频的出演人员如果是俊男靓女,也会吸引很多流量。

情景短视频必须掌握剧情节奏,如果前半部分拖沓,让人摸不着头脑,用户就会退出,这会使完播率大大降低。而且情景短视频的笑点一定不能是"冷笑话",或者让用户费神思考,因为如果用户想了半天才想到剧情里的笑点,肯定不会立即点赞,这对点赞率等指标是不利的。比如,有一个视频中的内容是用一句话说明你很有钱,有人说:"我是氪金玩家。"这对了解"氪金玩家"的人不难理解,而其他用户就很难懂。因此,情景短视频创作者千万不要不考虑用户,不要认为用户反应慢半拍是用户的错,不然自己的短视频就不会被推荐。

这类短视频笑点少,观众看了会感觉不过瘾,可能会连续点击播放,所以需要拍摄大量的情景。另外,因为这类短视频需要构思剧本,拍摄场景,而且有时需要较多演员,所以需要组成一个团队,这是此类短视频运营的最大难点。

播报短视频

播报短视频以"暴走大事件"最为典型。这类短视频恶搞新闻、天气预报等,以歪读当下的新鲜事为主题。这类短视频一般有一个固定的主持人，而且很有喜感，如图9-2所示。

图9-2

"暴走大事件"可以用三个关键词来描述：互联网、年轻、文化。具体来说，互联网是"暴走大事件"的流行渠道，"年轻"说明它针对的用户是年轻人，"文化"是它的品牌聚焦。

"暴走大事件"的创作团队是一群年轻人，他们知道流行趋势和用户需求，他们一般会深入年轻人群体中，了解他们的想法，从而推断出最新颖、最有"槽点"的信息。

"暴走大事件"将用户分为三类，第一类是"暴走"产品的死党，所有暴走产品他们都会玩；第二类用户只关注"暴走"产品中的一种，这类人占大多数；第三类用户是偶然看到"暴走"产品的。

"暴走大事件"的定位很明确，短视频是给12～35岁的年轻人看的，根据用户定位，他们的团队再进行段子创作时，就能够死死地吸引住固定人群。

可见，播报短视频需要了解用户文化，需要了解最新话题，既要有新闻的敏感度，又要有突出的笑点，这对创作团队是很大的考验。所以运营者为保证有持续的产出，可以广泛征稿，也可以在评论区查看相关评论，这些都是比较有效的方法。

这类短视频的笑点很多，不会让人感觉不过瘾，但它的缺点是时间有些长，最好能控制在5～7分钟。

个人吐槽短视频

个人吐槽短视频以 papi 酱的短视频最有代表性。生活中有一些现象会让人不满,一旦有人对这些事进行吐槽,并且切中了观众的"痛点",就会赢得关注,如图 9-3 所示。

图 9-3

papi 酱在"真正的学霸,到底是什么样的?"中,吐槽学霸学习很拼命,很疯狂,十分搞笑。

papi 酱吐槽的现象具有普遍性,几乎每个人都遇到过,而且她的吐槽非常犀利有趣,能够抓住我们内心最柔软的地方。当我们的痛点被她击中时,我们自然而然就会关注她。papi 酱还很会蹭热点,因为热点会很轻易地让大多数人关注。

papi 酱的成功说明互联网视频正在与用户对接,让用户被动接受的视频已经满足不了用户需求了,用户需要的是被关注与互动,这就像是弹幕,用户可以利用这项功能刷存在感。用户在短视频时代除了喜欢看优质的视频,也希望看到与自身密切相关的话题,如果话题不高高在上,而是命中用户的要害,用户必然喜欢这一类型的短视频。

但是,这类短视频的缺点是很难保证长期有"槽点"。对于这个问题,我们可以从以下几个方面来提高:一是提高洞察力,要能够从收集的信息中迅速找到观众的"痛点";二是提高逻辑思考能力,从众多信息中选择具有关联性的信息,并将其整合起来;三是提高语言组织能力,要能描述出画面感,要有逻辑性,最关键的是要有趣、犀利。

2. 访谈类：话题策划热门有料

访谈类短视频现在也很火，一般是对特定人群进行随机采访。采访的主题一般是对这些人群有很强吸引力，或者是这些特定人群"难以启齿"的东西。因为这些主题很吸引眼球，所以很吸引观众点击关注。

访谈类短视频目前很火爆的有"学弟帮帮我""暴走街拍""歪果仁研究协会"等。这些短视频大同小异，虽然没有电视台的正规访谈类节目那样多彩，但是很随意。这类短视频的采访形式主要有两种，一种是让受访者提问，以此作为下一个话题进行采访；另一种是采访之前拟定好问题。

总的来说，访谈类短视频一般以话题和颜值吸引观众，因为这些对年轻人有较强的吸引力，所以生存空间也很大。

"歪果仁研究协会"是"外国人研究协会"的谐音名，充满了趣味性。该短视频采访的是生活在中国的外国人，采访者高佑思本身就是一个外国人。在"歪果仁研究协会"短视频中，我们可以看到采访者高佑思对外国人进行随机采访，采访内容涉及中国传统文化、风俗习惯、名胜古迹，还有淘宝、沿街地摊等。

"歪果仁研究协会"从第一期开播后，关注度节节攀升，三个月之后，粉丝数量就超过了100万，每期短视频的播放量也很可观。该账号的视频能在中国走红，就在于中国人看到这些外国人的短视频后，可以增加民族自豪感。在短视频中展现出来的不仅有中国的文化，还有中国现代生活的强劲发展势头，比如移动通信设备、网购与物流、扫码支付技术等，如图9-4所示。

由于观众主要是中国人，所以高佑思的团队将中国人的生活习惯、思维方式作为基本出发点，并引入有趣的对话、音乐、字幕，从而命中了观众的笑点，并让观众产生极大的认同心理。

同理，这类短视频会走红，一方面是因为它们轻松幽默，非常适合网络传播；另一方面，对于压力非常大的人们来说，这些短视频的话题能够使人愉悦，带有认同感的话题会激起观众的共鸣，而有些私密性的话题被曝光之后，会让人们产生一探究竟的心理。人们一旦被这些短视频击中"痛点"，就会产生"原来如此"的感觉，便会自动转发。

图 9-4

因为这类短视频的受众主要是年轻人，很多年轻人对美有着强烈的追求，一旦看到很多俊男靓女，就会产生关注的冲动。

由此可见，访谈类短视频一般选择年轻群体作为受访者，而且颜值和话题是吸引观众的关键。但现在很多访谈类短视频只是在不断探索不同的话题，还存在形式单一的问题，如果能在这方面有所突破，就可以获得更多点击量了。

就话题来说，有一些话题会涉及受访者隐私，受访者可能不愿意配合，这给采访带来了难度。和吐槽类短视频相似，有些访谈话题也需要持续关注生活中的新鲜事，不过不能为了吸引用户而一味地寻找一些低俗的话题。

此外，访谈类短视频还有很多形式可以探索，传统的电视节目、网络媒体在这方面已经探索出很多独特的形式，虽然有些可能与短视频的形式有冲突，但可以借鉴里面的一些点。比如《实话实说》中观众与受访者都可以各抒己见、进行辩论，这种形式用在短视频上可能会延长时间，但是也可以借鉴过来；比如话题是正反两方面观点，受访者可以用一两句话陈述自己的立场，视频创作者在制作时可以选择具有特色的言论进行剪辑。

在受众范围层面，"学弟帮帮我"主要采访大学男生群体，"暴走街拍"主要采访俊男靓女，这就造成了受众范围的缩小。如果考虑跨界采访，比如采访名人、企业名流等普通人很难接触到的人，或许就可以带来流量的重大突破。当然，访谈类短视频也需要考虑垂直度，如果跨界访谈会影响垂直度，可以考虑多账号运营。

此外，访谈类短视频可以不设主持人，而以嘉宾作为主讲人，让他们畅所欲言；也可以考虑场景采访，在一个特定的场景中对受访者进行实验，观察他们的表现。

3. 电影解说类：创新推介和解说形式，令人耳目一新

随着近些年电影产业的迅猛发展和人们生活水平的提高，电影丰富了人们的业余生活，人们对电影的需求越来越大，这又反过来刺激了电影的高速发展。但是，电影的拍摄周期缩短了，也导致电影作品出现了质量失衡的局面，人们当然都想看高质量的电影，并且在看到好电影后希望与他人一起分享，看到不满意的电影时也想听到他人和自己相同的想法，这就催生了电影解说类短视频。

人们平时的生活都是忙忙碌碌的，业余时间不是很充裕，所以很多人都喜欢看电影解说，而且在电影解说类视频中，人们可以发弹幕，可以互相交流，因此电影解说类短视频遍布各个网站平台。

电影解说类短视频做得不错的有"电影最TOP""独立鱼电影"等，这些短视频差不多可以分成三个类型：电影吐槽类、电影盘点类、形式创新类。前两个好理解，电影吐槽类就是对当前比较火的电影进行解说；电影盘点类就是将电影按照共同点分类，对同一类的电影的好看程度进行排序；形式创新类是目前很有前景的一种类型，这种类型没有固定的解说方式，比如"独立鱼电影"，它的每个短视频里都会解说

两部相同类型的电影，再评论一个相同类型的短片，如图9-5所示。

图9-5

但是，现在电影解说类短视频实在太多了，不是只要上线就能有人关注。研究发现，关注量大的电影解说短视频都有自己的特色，它们吸引人的关键不是电影本身，而是解说风格。比如，很多热门的电影解说短视频都有一个片头或者独特的开场白，在解说的过程中，这些主持人都有自己的一套"吸睛神功"，比如"挖沟连李潇洒"就有一句经典台词，如图9-6所示。

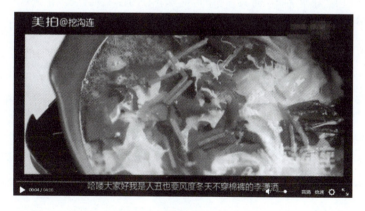

图9-6

然而，这也给人们造成了一个误区，以为只要找到一部电影，胡说或者歪解就会有人关注，但是这样根本行不通，因为观众不是不懂电影，而是解说说不到关键处，本想一吐为快，却"吐"到了"餐桌"上，只会引起大家厌恶。所以电影解说类短视频最基本的就是选好电影，掌握好解说的角度，在此基础上，还要拟定一个"吸睛"的标题，形成自己的主持风格。

在解说的过程中，语速要把握好，不能太快，快了会让用户很不适，也不能太慢，否则用户看了会犯困；而且语言要精炼，有些解说员三句话里有两句是无关紧要的，或者让用户混淆电影人物，这对完播率都是有负面影响的。电影解说短视频的目的一般是给用户推荐电影，这些电影的剧情有可能不是一两句话就能讲完的，有可能很复杂，这就要看解说员的逻辑总结能力了。另外，对于"剧透"要格外留心，有些用户非常不喜欢"剧透"，有些用户没有看到"剧透"又感觉电影没有亮点，这就需要恰到好处地给用户"甜头"。

但是在电影解说短视频火爆的大潮中，这么做还略显竞争力不足，所以我们还需要创新推介和解说形式，形成自己的特色。

比如，我们在选好要解说的电影后，可以拟一句非常"吸睛"的话来总结这部电影内容。在写解说文稿时，我们需要提炼出犀利、独特的观点。并且最好能制作别具一格的片头和片尾，尤其是片头，一个极具视觉冲击力的片头是拉动用户关注的"火车头"。在剪辑影片的过程中，我们可以适当加入一些其他元素，比如表情包、其他影片中的经典桥段，但是注意要处理到位，不能给人"出戏"的感觉。

我们也可以尝试采用"另类"解说方式，比如用快板解说电影，用唱歌解说电影，或者自己制作动画重新演绎电影。

另外，电影解说类短视频一般是一个人在幕后解说，我们可以尝试两个人到台前来解说，两个人可以发表不同观点，围绕不同观点进行辩论，也可以两个人各推荐一部影片，分别突出自己推荐的影片的优点，吐槽对方影片的不足。总之，电影解说类短视频需要形式创新，未来较有发展前景的还是有创新形式的短视频。

4. 文艺清新类：发现生活场景的美

文艺清新类短视频的观众主要是文艺青年，这类视频的内容主要是旅游名胜、异国情调、风景建筑、传统习俗、美食等，时长一般都不长，在 5 分钟左右，类似纪录片。这类短视频画面高清，色彩鲜亮，有一种出淤泥而不染的淡雅味道，给人扑面而来的文艺气息。

但是，这类短视频由于观众比较小众化，而且每个用户关注的内容也不尽相同，所以相对比较冷门。另外，这类短视频需要拍摄旅游景区、异国风景等，成本较高，而且很难满足用户需求，运营相对比较艰难。

但是，这类短视频的用户黏性很高，而且文艺青年的内心深处都有一种情怀，所以一旦形成品牌，就极具品牌效应。因此，这类短视频要想运营成功，需要从内容入手，主打"情怀"攻略。这类短视频有"一条""二更"等比较出名的平台。

"一条"平台的短视频主打生活场景，一般都会注重表现色彩、构图、场景，镜头移动缓慢，像是呈现静物一般，正如它的口号所说："每天一条原创短视频，每天讲述一个动人故事，每天精选人间美物，每天和我一起过美好的生活。"每期的内容都是手工业者、小店美物、时尚产品、建筑艺术等，以特定人群为主体，表现他们的生活。它的短视频有播出周期，类似于报纸杂志。分析"一条"短视频能够发现，它的风格非常高雅，在视频制作方面可谓用心良苦，如图 9-7 所示。

正因为"一条"善于抓住生活场景的美，所拍摄的画面都能深深地打动文艺青年的心，并且能让视频中的内容和每个人的生活联系起来，所以"一条"平台拥有很忠实的观众群。在此基础上，它的短视频通过特定受众进行传播和渗透，获得了大量的流量。而且短视频中展示出来的商品对文艺青年有很大的吸引力，他们看过之后就会产生购买欲望，此外，短视频中的广告极有水准，给"一条"平台带来了可观的收入。

图9-7

所以,文艺清新类短视频的运营策略一是要定位好目标受众,要了解文艺青年的喜好;二是要以"情怀"为卖点;三是要善于发现生活场景的美。

具体来说,这类短视频的拍摄制作要站在用户的角度去发现美,不能自认为自己的作品高端文艺。事实证明,盲目认为自己的作品贴近生活场景就会让作品变成"自嗨"式文案,用户会不屑一顾。

一般情况下,文艺青年都会对诗词、习俗、风景、书画艺术、建筑、熟悉的场景等有特殊的情怀,短视频中出现观众比较熟悉的东西,就会触及他们的情怀,从而提高点击率、关注度,延长文艺青年的停留时长。比如,有些文艺青年对茶有特殊情怀,"一条"平台针对这些受众,专门拍摄了"茶"系列的短视频,工作人员到有名的产茶地区走访,制作出制茶、泡茶的短视频,再加入诗意的配音,瞬间便能勾起观众的情怀。除此之外,"一条"平台还有"城中潮客""达人厨房""中国建筑新浪潮""型车骑士"等系列短视频,以独特的生活气息,为文艺青年带来视觉盛宴,如图9-8所示。

当然,生活中的美不止以上所说的建筑、风景等。早晨起来,妈妈煎鸡蛋的身影;上地铁时,安检员礼貌的微笑;晚上睡觉时,窝在被窝里听着音乐……这些场景都可以激起文艺青年的情怀,所以这类短视频的内容异常丰富,只要用心,就能找到好的素材。

图9-8

制作文艺清新类短视频不仅要善于发现美,还要用心打造美。比如,"一条"的短视频虽然都只有几分钟,但是制作时间要花费十多个小时,一个短视频至少要打磨两三天,从而使它的每一帧画面都很干净、典雅、精细,构图也做到了别具一格。

需要注意的是,文艺清新类短视频时长一般在四分钟左右,如果多平台运营,需要考虑各个平台的不同规定和机制。有些平台不适合慢镜头播放,在这些平台上投放,用户看到后可能会感觉不适应,从而中途退出,这将对完播率很有影响。

5. 实用技能类:提供"干货"才是王道

实用技能类短视频的主要内容都是生活中的小窍门、小技能。比如"别针的20种用法,神技能get""旧丝袜的9种逆天用法"等,这类短视频对热爱生活的人具有很强的吸引力,能让大量的人群点开观看,所以在各大平台上都有它们的身影。

总的来说,这类短视频节奏快、不拖沓、时间短,干货满满,让人没有快进的欲望,只会跟着短视频一步一步地学习其中的技能。具体来说,实用技能类短视频的竞争优势体现在以下几方面:第一,短小的视频内容符合现代人的快餐需求;第二,独特的生活小技能没有明显的竞争关系，特别是具有干货的短视频，非常符合人们的生活需求，自然会引人关注。

在这类短视频中比较突出的有"罐头视频"。"罐头视频"分了很多个模块，比如"罐头DIY，男性专属""工匠实验室，猫奴必备""罐头萌宠，情景剧""星期五来啦！""你敢答应吗""罐头小厨，生活神技能"等。它的广告词是："和你分享最脑洞的路人神回答。一个罐头，一种生活，罐头视频每天都会为你提供最新且最有趣的生活神技能。"如图9-9所示。

图9-9

"罐头视频"的受众人群是有差别的，比如在"罐头DIY，男性专属"这一模块下，受众主要是男性。除此之外，"罐头视频"的粉丝热度也非常高，粉丝的评论、上传的视频都有大量干货，"罐头视频"也会挑选粉丝的优秀创意进行展示。

在实用技能类短视频呈井喷之势的今天，"罐头视频"能够崭露头角，对新媒体创作有一定的启示。

标题和封面很"吸睛"

从内容来看，很多实用技能是有相似点的，但是"罐头视频"的点击率很高，就和它的标题有关。比如"一颗剩粽子的逆袭""珍珠奶茶雪媚娘"等，可见，这些标题要么有悬念，要么有情怀，这些都是吸引关注的好方法。而短视频的封面非常精致，色泽清爽、画面诱人，看见的人内心必然有点开的冲动，如图9-10所示。

粥底火锅【罐头小厨】
▶ 1,043 ⏱ 3个月前

图 9-10

"干货"十足

"内容为王"是新媒体的准则，在信息泛滥的时代，人们都想看到有用的信息，如果看到的视频毫无用处，看完只想吐槽，人们就再也不想看了。所以要想打好用户竞争战，就要先做好自己的内容，深入生活，开动大脑，用心专注地把生活技能做到极致，做到人人都能用，自然而然就会"吸粉"百万。

需要注意的是，有些技能看似简单易学，但不同用户的学习能力不一。比如教宝妈们画简笔画，虽然是简笔画，但是有的妈妈很容易上手，有的妈妈没有美术功底，学起来很吃力，这些妈妈可能学上几次就没了耐心，进而对视频不再关注。面对这种类似的情况，可以选择几种难易程度不同的方法，不同的用户看了就会针对自己的需求进行练习。

加强与用户互动

"罐头视频"用户活跃度很高，就在于它回复用户评论很及时，还对用户上传的作品进行展示。与用户互动是新媒体增强用户黏性的重要手段，因为用户都有表现自己的欲望，都有与人交流的意愿，尊重用户的想法，鼓励用户上传作品，根据用户诉求考虑选题是提升用户体验的重要策略。据此，我们在运营短视频时，可以借助用户的智慧来建设平台内容，可以在平台上征集话题、征集作品，鼓励用户分享生活经验，分享自己的"干货"，这样不仅可以提升用户忠诚度，还可以使用户反哺平台。

此外，实用技能类短视频在引流推广方面可以尝试多账号运营，如果内容垂直种类较多且互不相关，就有这个必要。比如各个垂直种类分别是：美食类、洗涤洁净类、衣帽鞋袜整理类等，放到一个账号下面运营会让用户感觉很乱，添加系列分类也不是最好的办法，建立短视频矩阵就可以有效消除用户的负面情绪。就如同"蘑菇街"旗下的"蘑菇化妆师""蘑菇搭配师""菇菇街拍"等，让有不同需要的用户分别关注不同的账号，账号之间可以互相推荐，以起到良好的引流作用。

6. 文化教育类：重在内容选题策划

在人们的普遍认知中，短视频主要是用来搞笑、娱乐、放松心情的，所以一提到文化教育类短视频，人们就很难想象这类视频怎么运营，因为教育是需要严肃认真的，与短视频轻松的气氛会有些格格不入。

科学、文学、艺术等领域的知识不是几分钟能讲清楚的，而且讲起来也相当枯燥乏味，观众一般不喜欢听深奥难懂、感觉没必要了解的知识，他们观看短视频就是要在最短的时间里了解对自己最有价值的东西。然而，这些问题是文化教育类短视频的瓶颈，但也是它的突破口。因为在短视频爆发式流行的时代，教育肯定要进入这个领域，只不过需要先为自己化一下妆。

目前，国外已经有了很多教育类短视频，这些短视频的内容主要是科普知识，但是由于内容有趣、场景精致，或者内容实用、受众广泛，也吸引了不少观众。比如"Grovo"，如图9-11所示，这是一款教育类短视频平台，以优质、简短的内容推广知识，比如讲解计算机技术、交流技巧等。

图 9-11

国内目前还没有在文化教育类短视频方面做得非常出色的平台。虽然说新浪微博上面有很多相关短视频,但是还没有形成规模,短视频质量也是参差不齐。原因可能是国内的平台没有把教育类短视频重视起来,认为其选题和内容的深奥程度难以把握,用户黏性不高。

随着社会的发展,各行各业对员工的要求也越来越高了,人们对技能的需求也随之增长,比如计算机、英语、绘画技能,如图 9-12 所示。此时,以短视频的形式向人们介绍相关工作技能必将会引来点击关注。

图 9-12

比如,在短视频中可以教授计算机技能,网上有很多对计算机技能的文字描述,但是很多人看了之后还是不能操作,如果把这些文字转换成短视频,肯定大受欢迎。

目前科普类短视频比较火,科普知识可以按学科分类,有生物类、天文类、常识类等,按难度也可以分成基础类、专业类等。比如一个关于企鹅生活的短视频,既属于生物类,也属于基础类。人们对科普知识的诉求,也会根据自己的喜好和专业水平而有所不同。对于一般大众来说,他们喜欢观看没有专业水平的、不需要学习门槛的科普知识,如果这些知识与生活关联度高,并且有趣的话,肯定会收获大量的用户。国内的"飞碟说"就是代表,如图9-13所示,它的广告词是"知识从未如此性感",侧面体现了诙谐搞笑的风格。它以动画的方式,讲解了与生活密切相关的科普知识,受到了不少人的追捧。

图9-13

解读名著、作品类短视频也有不少的数量,比如"另类解读世界经典名著",如图9-14所示。这类短视频的运营策略可以借鉴电影解说类短视频,但是不同点在于,喜欢名著的人都有一种情怀,不喜欢别人胡说歪解,所以在解读名著的时候,必须有一定的文学修养和历史知识。搞笑另类可以,但不能生编乱造、违背历史;发表新观点可以,但一定要站在历史的角度去思考,不要刻意升华历史人物。

解读名著还可以联系现代生活,比如解读《西游记》可以联系职场;解读《三国演义》可以联系商战;解读《红楼梦》可以联系都市爱情。但是这些解说方式也已铺天盖地了,想要找到突破口,还需要修炼自己的能力。

图 9-14

文化教育类短视频目前受众人数还较少，这需要运营者摸索引流推广方式，多渠道引流虽然效果不太显著，但勤做数据分析可以发现哪个平台更合适。比如微信平台就比较适合文化教育，很多用户会通过公众号学习知识，浏览器也是不错的选择，先在这几个平台上积累用户，再在专门的平台上打造运营号，是较好的收割红利的策略。

7. 时尚美妆类：紧跟潮流，提供时尚新观点

国内的化妆品行业随着社会的发展一直保持着发展的势头，而在移动端的火爆发展趋势下，美妆产品也在进行着新一轮发展。特别是在短视频进入大众视野之后，美妆产品也大踏步闯入了直播平台之中，在"网红"的潜移默化影响下，美妆产品的渗透率也达到了空前的盛况。

很多商家看准这个时机，不断发布美妆短视频，逐渐积累自己的用户，可以说，短视频现在已成为美妆产品营销的重要手段，成千上万的商户和创业者正在抓紧挤占这片新大陆。再进一步说，美妆产品和短视频之间本身就有非常好的黏性。产品营销类短视频与电视广告类似，如图 9-15 所示，但它比电视广告更加优越，因为移动端自身带有购买渠道，用户在看到自己喜欢的产品后，可以立即下单购买，没有了电视广告只能看不能买的遗憾。

图 9-15

在短视频平台出现之前,美妆产品的短视频主要存在于淘宝等购物平台上,而随着直播平台的兴起,美妆产品短视频平台如雨后春笋般蓬勃生长。在抖音、快手、微博、美拍、小红唇中,明显的营销美妆产品的短视频本不在少数,如果再加上主播有意无意的推介,美妆视频几乎占了短视频的半壁江山。但是,虽然说直播平台不是独木桥,但是千军万马涌过来,势必有人胜出,有人出局,那么想做好美妆类短视频该如何运营呢?

其实,时尚美妆本属于消费品,各大运营商都已有了针对消费购物的一系列建设性措施,美妆类短视频自然也有先进的计算机技术在背后支撑。比如"小红唇",它的后台会对每天的点击率、关注度等进行计算,对采集到的活动数据进行分析,从而得到当下的流行趋势和用户的喜好等信息,再以此来指导运营短视频,就可以去粗取精、跟随潮流。

除了专业技术提供的参考外,还需要有以下几种策略。

要有专业性指导和顾问

每一个成功的美妆短视频背后,都会有一个资深团队,这个团队里都是美妆达人、美容老师,他们多年的美妆经验自然会让短视频引人注目。不少被用户疯狂转发的短视频都有这些达人的功劳,他们一般不会靠颜值来获取流量，而是紧跟潮流，利用自己的经验给用户提供美妆建议来获取关注。

增强与用户的互动，以用户为导向

用户的评论区是美妆短视频的重要"根据地"，只有利用好评论区，及时与用户互动，才能发现问题，发现观众的喜好与需求，进而及时改进，及时调整短视频内容。

借助名牌产品确定时尚潮流

世界上的名牌化妆品之所以经久不衰，就在于其紧跟世界潮流，而且能创造潮流。借助这些名牌化妆品，研究其背后所蕴含的时尚潮流，就能提出时尚新观点，从而提高自己的影响力，这是实现流量井喷的不错选择。

时尚美妆类短视频由于运营者很多，不是每一条短视频都能收获很多关注。有的短视频内容很时尚，但是点击率一直上不去，有的运营者开始多账号运营，把某几个内容不错的短视频再用另一个账号重新发布一下，但不能从根本上提高关注度，而且平台会认为这几个账号内容重复，进而减少推荐。另外，多账号运营要求内容的垂直性更高，没有差异性的内容只会让用户分散。因此，如果运营者遇到类似的情况，应该利用其他方式引流，比如福利引流、线下引流等，或者将两者结合，在商场等场所举办活动，让用户免费试用产品并关注短视频，这样便可以收获一批粉丝。

8. 运镜类：超酷炫引模仿

运镜就是运动镜头，是短视频中相当酷炫的一类。这类短视频在户内和户外拍摄都可以，男生女生都能用它来表现自己，男生的运镜具有阳光、健康、动感的效果，女生的运镜具有节奏、美感和轻柔的特质，如

图 9-16 所示。

图 9-16

随着手机拍摄技术的发展，现在越来越多的人选择用手机拍摄自己的运动镜头，然而，想要拍出酷炫的短视频并非易事。短视频平台上火爆的运镜短视频都具有相同的特点，即动作难度大、拍摄难度大，所以很多网友为了拍摄出炫酷的短视频，花费了不少心机，研究出了一系列拍摄方法，并且引入了影视后期技术，从而创造出武侠剧中的"神功"镜头。

而运镜类短视频的特点，除了特效酷炫之外，还有画面非常流畅，看不出后期加工的痕迹。配乐也很重要，视频内容和音乐的节奏非常吻合的话，即使观众没有留意，也经常会被背景乐感染。所以运镜类短视频必须有他人来辅助拍摄，或者由团队来打磨作品，以使作品流畅、精致。

根据运镜类短视频的特点，我们可以先确定背景音乐，然后根据音乐的节奏设计动作，比较简单的运镜短视频都是这样做的。学习运镜要从基本功开始，比如学习镜头的推、拉、摇、移。在此基础上，可以练习揭示运镜，就是将镜头从遮挡物后移开，揭示遮挡物前面的景物；可以练习滑动镜头，就是将镜头随着拍摄物一起平移。当你有了运镜的基本功后，就可以拍摄有难度的酷炫动作了。

除了拍摄技能以外，运镜类短视频的创意也是运营的重点。其实，运镜类短视频的火爆原因就在于满足了人们的自我实现需求。人们看到炫酷的短视频，自然会有一种崇拜感，会有学习视频中的动作的冲动，而惊险的视频内容更会让观众产生惊叹，还会成为人们日常生活的谈资，如图9-17所示。

图9-17

还有一种炫酷短视频很受年轻人崇拜，比如瞬间换装，这种运镜类短视频拍摄难度不大，但是由于颠覆认知，会给人一种神奇的感觉。就像川剧中的变脸和魔术一样，很多人了解内幕，但依然叹服它灵活的手法；变脸和魔术需要艰苦的练习，而运镜类短视频却不需要，所以很多人看了之后都会争相模仿。

此外，反转类运镜短视频由于给人造成了心理落差，从而会让人产生关注的冲动。

了解了运镜类短视频对观众的心理造成影响的机制后，就可以根据用户特征运营短视频了。比如炫技类短视频，可以将创意和运镜技巧相结合，再加入后期特效和滤镜，就可以做出一个引人模仿的短视频。

运营者需要注意的是，运镜类短视频极易引起用户模仿，所以拍摄制作时要考虑是否存在不良后果，可以在短视频中加入提醒用户的话语，对自己负责、对他人负责，才能更好地适应平台规则。另外，随着手机功能的层出不穷，各种特效镜头越来越多，但这些特效也会让内容同质化，所以运营者需要考虑怎么运用特效制作具有自己特色的作品。

9. 育儿类：可爱精怪又搞笑，给粉丝点赞的冲动

提起育儿类短视频，可能大家认为这是一个比较冷门的短视频领域。但出乎意料的是，短视频流量榜的前 10 名中一直有育儿类短视频的身影，而且该类短视频的融资非常活跃。

育儿类短视频在亲子家庭中非常有感染力，因为无论是家长还是儿童，对视频中花花绿绿的场景、玩具，或者古灵精怪的小朋友都非常感兴趣，然而他们对玩具说明书都没有感觉，更喜欢观看视频学习如何操作玩具。青年人看短视频是为了分享乐趣、跟随潮流，儿童看短视频却是在获取信息。和短视频类似，儿童一般都会有始有终地观看一部动画片，从《圣斗士星矢》《美少女战士》到《驯龙高手》《火影忍者》，儿童如果少看一集就会哭闹，所以儿童看短视频也会有相当高的忠诚度，育儿类短视频榜上有名也是必然的了。

在短视频的大潮里，各个运营商都会注重深挖精做，根据用户定位来运营，育儿类短视频针对的用户主要是母婴，所以视频内容要么是可爱、精怪的宝宝，要么是充满趣味的育儿理念和教育技巧。

比如教孩子制作愤怒的小鸟的亲子手工短视频，如图 9-18 所示，内容是教手工操作的。在以往，这种手工说明一般是以图文信息展示，但是母婴在阅读图文并动手做的过程中，会费尽口舌和脑细胞，而短视频动作流畅，所以很多母婴都被这种形式所吸引。

图 9-18

还有一些母亲在教孩子唱儿歌的时候，苦于缺少儿歌内容，或者害怕走调，儿童易走神等，这时产生的儿歌类短视频很好地解决了这些问题，如图 9-19 所示。短视频中的动画对儿童有很强的吸引力，能让他们专注于视频，而且视频内容很丰富，演唱者唱得很好听，让妈妈们"再也不用担心宝宝学习了"。

图 9-19

低年龄段孩子的母亲都会和其他母亲交流经验，分享育儿"心经"，对别人家的孩子也是有一种喜爱之情。这个时期的妈妈们还有一种对比心理，希望自己的孩子比别人家的强，看到别人家的孩子很优秀，就会想方设法让自己的孩子也变成那样，所以亲子类短视频拥有了大量的观众，如图 9-20 所示。而感觉自家孩子可爱、精怪的家长，出于爱子心切或者有想获得他人认可的心理，就会上传自己孩子的短视频，有人称这些人是"晒娃狂魔"。育儿类短视频的评论区也很引人注意，有很多充满温情的"神评论"，有运营商直呼："好想给粉丝点个赞！"如图 9-20 所示。

育儿类短视频在运营时一定要注意内容的垂直性，特别是动画片类型的，因为少儿观看短视频时，非常喜欢追剧，如果短视频内容未更新，或者内容主题变了，都会给少儿造成烦恼，从而影响播放量。育儿类短视频在微信等社交平台引流会有很大的成效，因为妈妈们都想与他人交流自己的育儿经验及育儿过程中的问题，运营者可以在微信中建立群聊，让妈妈们往群聊里拉人，用户就会越来越多。

图 9-20

图 9-21

特别需要注意的是，因为有些少儿也会看育儿类短视频，所以短视频中不能出现对少儿具有不良影响或误导作用的内容，比如暴力镜头、特技镜头、恐怖镜头等。有些内容对于成人来说比较有意思，运营者可能想象不到对少儿的不良影响。例如，有一个短视频中讲述了武侠救人的场面，其中一个镜头是武侠用轻功飞檐走壁，有的少儿看了之后，感觉自己也会武功，就学视频中的武侠往墙上爬，结果受了伤。由此可见，运营者在创作短视频时，一定要以少儿的思想为准，这不仅是对他人负责，也是对自己负责，只有守住底线，才能赢得市场。

10. 带货类：软植视频，避免违和感

相比于淘宝、京东等老牌电商，短视频营销因为能给用户直观体验，更能促使用户点击购买，所以已形成新式带货手段。有商家说："微商也开始不好做了，短视频平台的商家现在已经挤占了大部分市场。"相比于微商卖家的朋友圈刷屏给用户造成的困扰，短视频的幽默、新潮式带货更能让消费者买账。

在短视频平台上不断出现带货类经典视频，这些短视频以自身的搞笑、神奇、夸张、社交价值等击中了用户内心最柔软的地方。比如某母婴产品的短视频以搞笑的剧情凸显用户痛点，短视频中的人物用产品解决痛点就潜在地引导了用户购买。

所以带货类短视频不是简单无脑、硬植入广告的视频，而是有剧情、有创意的作品。那么什么样的产品能在短视频平台上获取大量流量呢？理论上一般的产品都可以，但是短视频平台都有最大的用户群。比如抖音，用户一般是大城市里的年轻白领女性，她们喜欢看关于衣服、吃喝等的视频，所以潮流时尚产品、衣饰鞋袜、生活实用产品、背包等带货短视频会吸引大量关注。

在此基础上，带货短视频还可以设置剧情。比如将剧情设置为地铁巧遇使用者：商家是卖汉服的，在地铁上遇到了穿着自家店铺汉服的"小仙女"，接下来"小仙女"轻歌曼舞，展示出汉服的轻柔、高雅，"小仙女"的身材在如纱一般的汉服衬托下越显轻盈、高贵，最后"小仙女"害羞地捂起了脸，如图9-22所示，如此带货定能让广大用户感受到产品的特点。

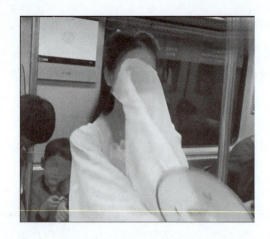

图 9-22

带货视频如果搞笑,也会获得大量关注。比如某个卖文具的商家在短视频里喊出无厘头的产品特色:"你们的魔鬼又来了哦。看,今天是一把尺子,这可是丈量腰围的直尺,手感非常顺滑。'鸭屎绿'和'失血白'两种颜色互相搭配,真是让你看了吃不下饭,想想自己的腰围就难受,减肥必备,只要 98 分钱。"夸张的神态和妖娆的语气,让人听了很想笑,如图 9-23 所示。

图 9-23

有些带货短视频还加入了酷炫镜头,会显得很夸张。比如有一个喝可乐的短视频,片中小伙觉得喝可乐不尽兴,就安装了一个"神器",结果"神器"打开后,喷出的可乐把他冲了起来。他最后解释了该视频已进行了后期处理,但是这个创意很有亮点,让用户一下就记住了这个短视频,如图9-24所示。

图9-24

其他方式也可以增加关注度,比如将食物与游戏相结合,把枣糕、蛋黄卷做成贪吃蛇里的障碍物;烹饪美食的短视频中把原料做成让人流口水的烤鸭;在一个场景中悄悄植入某品牌的商标、产品等,都可以避免违和感,增加带货流量。

总之,带货短视频可以围绕产品特点、功能、使用方法等进行创意制作。要注意的是,仅仅软植入还不能带货,必须让用户意识到产品对他们有哪些影响,是否方便他们的生活,这样才能转化成流量。此外,还要注意不要违反相关法律,不能带有欺诈信息。